# LA SOURDE-MUETTE

## DE

# LA CLAPIÈRE.

4°87

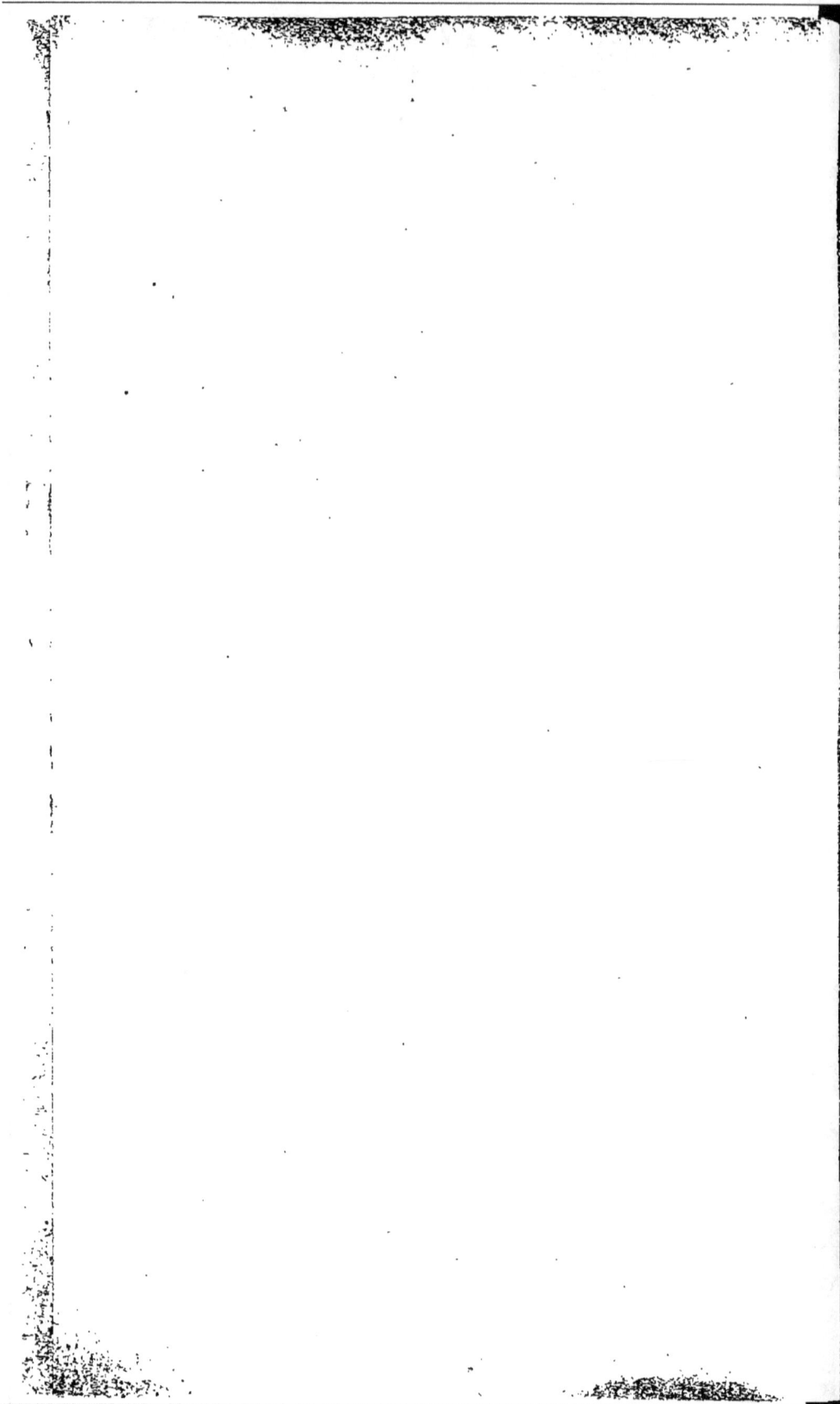

# LA SOURDE-MUETTE

## DE

# LA CLAPIÈRE,

## OU

# LEÇONS

## DONNÉES A MA FILLE.

### ESSAI ÉLÉMENTAIRE

APPLICABLE AUX ENFANS NON SOURDS-MUETS,

*PAR L'AMI DES SOURDS-MUETS.*

Non ignara mali, miseris succurrere disco.

*VIRG. Æneid. I. vers. 630.*

A BEZIERS,

DE L'IMPRIMERIE DE J.-J. FUZIER,

*SE VEND A PARIS,*

Chez LA VEUVE PANCKOUCKE, rue Grenelle,
faubourg Germain, en face de la rue des Pères, nº. 321.

AN IX DE LA RÉPUBLIQUE.

# AUX

# SOURDS - MUETS.

C'EST à vous, *MES BONS AMIS*, que je fais hommage de cet essai : mon cœur vous le doit.

Elle est rendue à la société, et s'avance de jour en jour vers sa régénération intellectuelle, celle qui, disgraciée par la nature, étoit condamnée comme vous à végéter sur cette terre. Son père a eu le bonheur de développer le germe de son instruction : elle est doublement sa fille, comme *SICARD* est votre second père.

Béni soit par vous, par vos parens, par tous les hommes sensibles, celui qui souffla dans l'ame du vertueux abbé de *L'ÉPÉE* son immortelle entreprise !

Que le nom de ce bienfaiteur de l'humanité, et celui de son digne successeur, soient à jamais empreints dans nos cœurs par le sceau de la reconnoissance.

*REY-LACROIX.*

# DISCOURS
# PRÉLIMINAIRE.

L'INSTITUTEUR des Sourds-Muets, frappé par la loi du 19 fructidor , travailloit dans le silence de sa retraite à l'ouvrage qu'il vient de publier sous le titre de *Cours d'instruction d'un Sourd-Muet de naissance* , *etc.* , lorsqu'il voulut bien me demander les notes et observations que j'avois faites auprès de mon élève.

Je transcris sa lettre à ce sujet , moins pour mon amour propre , que comme un titre flatteur de sa confiance. Mon travail ne put lui parvenir qu'au moment de la livraison de son ouvrage : il n'en auroit fait nul usage sans doute ; mais d'après le vœu de plusieurs amis , et sur leur approbation, je me hazarde à le livrer au public (1). Ce n'est encore qu'un abrégé de l'ouvrage que je lui offrirai , lorsque le temps l'aura assez mûri.

On trouvera dans cet essai nombre de procédés détaillés dans le livre de *Sicard* : cela peut-il être autrement ? Ils lui appartiennent ceux même

_____

(1) Voyez le projet d'institutions pour les Sourds-Muets et pour les Aveugles , imprimé à la fin de cet opuscule.

que j'ai eu le bonheur de trouver ; comme la
plupart des siens lui ont été transmis par son
prédécesseur : je n'ai pu, moi, en former que
par les données des premiers que j'avois acquis à
son école. Il est si doux de rendre un pareil
tribut au mérite et à l'amitié. Je ne veux pas
être accusé de plagiat, à Dieu ne plaise ! Mais
à plus de cent cinquante lieues de distance, nous
nous sommes trouvés employer avec *Sicard* des
procédés égaux, quoique non communiqués. Cela
revient à ce que dit l'abbé de *l'Épée*, page 163,
dans son immortel ouvrage (1) : *Ne se trouveroit-il
pas quelqu'un en france, ou ailleurs, qui sans avoir
lu mon ouvrage prendra la même route, dans laquelle
il ne s'agit que de suivre la nature pas-à-pas ?*

Cet ouvrage, le premier qui ait paru en france
sur la manière d'instruire les Sourds-Muets, est
la seconde édition de celui que ce respectable
philantrope avoit publié en 1776, sous le titre
d'*Institution des Sourds-Muets, par la voie des
signes méthodiques.*

Avec son seul secours on ne pourroit guère
devenir instituteur ; mais du moins offre-t-il une
preuve de la modestie de ce grand homme, qui
mérite la reconnoissance de toute ame sensible.

(1) *La véritable manière d'instruire les Sourds-Muets, confirmée
par une longue expérience*; à Paris, chez *Nyon*, l'aîné, libraire,
rue du jardinet, 1784.

Il est aussi consolant, ce vertueux citoyen, que la matière qu'il a entrepris de traiter étoit sèche et aride. Mais que ne peut pas le génie joint à la droiture du cœur!

Ce que j'adressai à mon maître n'est qu'un compte rendu de mes travaux auprès de mon élève : ils sont un foible témoignage de ma reconnoissance. Puisse le lecteur être persuadé du désir ardent que j'ai d'être utile à l'humanité ! Ce que j'ai entrepris par le sentiment paternel, ne sera pas concentré dans ma famille : j'ai trop à cœur cette précieuse et intéressante classe d'êtres, dont l'isolement ne crie déjà plus contre l'inhumanité de parens stupides autant qu'ignares.

Bien-tôt, j'en ai la flatteuse espérance, des établissemens semblables à ceux de Paris et de Bordeaux, disséminés dans la france, en honorant son nouveau gouvernement, satisferont aux vœux des philantropes. Heureux si je puis jamais coopérer à quelqu'une de ces institutions, et prouver efficacement qu'il n'est pas vain mon titre d'*ami des Sourds-Muets !*

# LETTRE

# DE SICARD.

Vous vous souvenez donc encore de moi, mon cher disciple. Je l'ai vu dans une lettre que vous avez écrite à *Massieu*, en date du 11 germinal dernier, et qu'il m'a fait passer.

Vous allez enfin avoir, dans un mois, mon ouvrage sur l'art d'instruire les Sourds-Muets de naissance : on l'imprime dans ce moment ; et on en est, au moment où je vous écris, à la 84e page, sans compter le discours préliminaire. Je vais travailler à la théorie des signes, et à des modèles de leçons, pendant qu'on imprime la première partie, qui traite des moyens de communication, et de l'ordre qu'il faut suivre dans le cours d'instruction en vingt-deux chapitres.

Comme l'expérience que vous avez acquise en instruisant votre chère enfant, vous a mis à portée de faire beaucoup d'observations, vous rendriez un vrai service à la science, et à tous ceux qui attendent mon ouvrage pour les diriger, si vous me faisiez part de ces observations, dont sans doute vous avez tenu note. Enfin, mon cher disciple, vous me rendriez un vrai service, ainsi qu'aux pauvres Sourds-Muets, en m'écrivant les difficultés que vous avez trouvées, et en me demandant tous les éclaircissemens que vous désireriez. J'enrichirois mon ouvrage de tout ce que vous me mettriez dans le cas d'y ajouter.

Je veux sur-tout qu'il puisse servir aux pères de famille qui même n'ont aucune idée de la métaphysique ni de la grammaire. Je veux que mon livre, qui sera en un volume d'environ 400 pages in-8°., avec des tableaux, soit assez clair pour n'avoir besoin d'aucune explication. Demandez-moi donc, en toute liberté, toutes celles que vous auriez désirées. Comment avez-vous fait pour enseigner à conjuguer à votre chère enfant ? Quels obstacles vous ont arrêté ? Comment lui avez-vous appris à rendre ses idées, à comprendre nos longues phrases, l'interrogation sur-tout ? Enfin, mon cher ami, ne craignez pas d'entrer dans de trop longs détails : écrivez-moi de longues lettres, comme si vous vouliez vous-même m'enseigner l'art d'instruire les Sourds-Muets. Je recevrai tout avec reconnoissance, et je profiterai de tout. Vous me permettrez de vous nommer dans l'ouvrage, si vous me mettez à même de profiter de quelques observations utiles. Je fais graver l'alphabet des Sourds-Muets, et la figure des objets usuels dont je me sers pour la première et la seconde leçon. Je fais aussi graver quelques tableaux de communication de ce cours d'instruction. Je ne veux rien épargner pour rendre sensibles et clairs tous mes procédés.

Ne laissez pas passer une si belle occasion d'être utile à cette classe infortunée, que le malheur de votre chère enfant doit vous rendre si intéressante et si chère. Souvenez-vous que l'on imprime à force mon ouvrage, et qu'il ne faut pas perdre de temps pour me faire passer vos observations ; car je vous répète que l'ouvrage sera fini et publié dans un mois.

*Signé*, SICARD.

---

*Nota.* Pour répondre à la lettre flatteuse de mon maître, je m'empressai de rédiger cet essai: aussi se ressentira-t-il de la hâte avec laquelle je l'ai fait. L'invitation de *Sicard* étoit pour moi un ordre : je réclame de l'indulgence en faveur de mes intentions.

La Clapiére (1), Département de l'Hérault.

# REY-LACROIX

A SON AMI SICARD, A PARIS.

Vous le voulez, je dois vous obéir: pourrois-je assez m'acquitter envers vous de la dette que votre amitié m'a fait contracter? Le cœur seul peut la satisfaire, aussi va-t-il être le principal guide dans le travail que vous me demandez.

Père infortuné d'un enfant Sourd-Muet, je vole à votre école en 1791 : ma fille n'avoit alors que cinq ans et moi vingt-quatre. Vous savez comment j'osai persévérer dans cette science si abstraite ; mais *la paternité est si puissante!* Des difficultés indescriptibles se présentèrent à mon entendement si peu exercé ; mon respectable maître et mes amis les Sourds-Muets me les applanirent. Nouveau *Tobie*, je vous ai eu pour guide; que ne vous dois-je pas! Après plusieurs mois, tout rempli de cette nouvelle science, je reviens auprès de ma famille. Ma Muette, trop jeune encore pour pouvoir éprouver les heureux effets de cet art; poussé d'ailleurs dans la roue des fonctions publiques, je ne lui enseignai

(1) Retraite de l'Auteur.

dans l'espace de cinq ans que les alphabets et une collection de mots. Ce n'est que depuis deux ans, à mon retour de mon second voyage à 'Paris, où j'acquis encore quelques notions à l'institution des Sourds-Muets, et que retiré à la campagne et dégagé de tous les tracas révolutionnaires, j'ai donné à mon élève les soins régénérateurs que je lui destinois. Mais quel a été mon étonnement! je me suis trouvé isolé dans une mer pleine d'écueils, la tête remplie d'idées, avec un léger souvenir de vos procédés.

Dénué de méthode, celle de l'abbé de *l'Épée* n'offrant que de foibles secours, j'ai dû en former une nouvelle. J'ai consulté les auteurs qui ont traité de cette matière si peu connue, puisé dans l'abbé de *l'Épée* ce que j'ai trouvé d'applicable, et extrait des notes que j'avois prises à l'école de son successeur, les procédés que je lui avois vu mettre en usage.

Combien ai-je soupiré après votre méthode, et quand l'aurons-nous (1)?

Pénétré de cette vérité de mon maître, que l'on peut parvenir au but par différens chemins, quoique le plus droit soit toujours le plus court; égaré dans ce labyrinthe scientifique; éloigné de mon *Ariane*, j'ai eu pour fil l'analyse, en me traînant dans cette

---

(1) Depuis long-temps cet ouvrage si désiré étoit promis : la retraite a permis à *Sicard* de le rédiger. Voyez le discours préliminaire.

route si raboteuse, et me suis servi de la méta-physique comme l'aveugle de son bâton, ne perdant pas un moment de vue la simple nature : sa route est sure et invariable ; celui qui s'en écarte n'est qu'un routinier ou un systématique ». Pourquoi » rechercher une méthode enveloppée d'une » apparence de science profonde et d'une longue » haleine, tandis que, dégagée de toute espèce » de difficulté, elle peut être saisie par tous » les hommes qui voudront se livrer à cet art » intéressant ( 1 ).

J'ignore si ce que j'ai fait est ce que je devois faire, d'après votre méthode ; mais de la manière dont j'ai opéré, le succès a couronné l'œuvre : dois-je demander autre chose? J'en suis déjà avec mon élève, après lui avoir enseigné à peu près les difficultés de la langue, à votre *catéchisme pour les Sourds-Muets*. Combien de fois n'ai-je pas reconnu ce que m'avoit dit mon maître, qu'*il est très-difficile, si ce n'est pas impossible, d'élever un Sourd-Muet seul, à cause du défaut d'émulation.*

J'ose avancer qu'il n'y a guères qu'un père qui puisse surmonter les obstacles sans nombre qui se présentent. Combien de fois, jeté à mille lieues, ai-je été obligé de regagner à force de rames, et

---

( 1 ) *Éducation des Sourds-Muets, par l'Abbé* Deschamps, *page* 48.

n'ai-je touché terre qu'après plusieurs tentatives!
Combien de fois rebuté par l'insuccès, et le cours
de mes larmes soulageant mon cœur oppressé, ai-je
renvoyé à un moment plus favorable! Si la patience,
le travail et la persévérance sont un mérite, j'ai
des droits à le réclamer ( 1 ).

---

( 1 ) . . . . . . . *Labor omnia vincit*
*Improbus.*

$\qquad$ VIRG. *Georg.* I. *vers.* 145.

C'est dans un de ces momens pénibles, qu'animé par la
présence de mon malheureux enfant, j'improvisai les vers suivans,
qui tant de fois dans les sociétés ont fait couler des larmes de
sensibilité. Je prie le lecteur de penser au père et non au poëte:
*Nascuntur poëtæ.*

---

A MA FILLE, SOURDE-MUETTE.

*Air d'Azémia.*

Quel malheur, ô fille chérie,
De te parler sans être ouï!
Quel destin, de passer ta vie
Dans la tristesse et dans l'ennui! ( *bis.* )
Mais le ciel me rassure,
Et me rend à l'espoir:
Oh! vois de la nature,
Tu m'impose un devoir! ( *bis.* )
Ton état, enfant déplorable,
J'adoucirai de jour en jour:
Ce changement inexprimable
Tu le devras à mon amour. ( *bis.* )
Quoique ta langue soit muette,
Tu sais parler, oui parler à mon cœur,
Et ma tendresse est toujours prête
A travailler à ton bonheur. ( *bis.* )

Ayant

Ayant recueilli par leçons mes procédés , je vais vous les exposer brièvement avec la franchise d'un ami : s'il est quelque chose qui puisse être approuvé , ce sera un tribut rendu à mon maître , et si mon nom est placé dans ses œuvres , ce ne doit être que pour sa gloire. Ce que je sais dans cette partie, c'est à lui que je le dois ; c'est une eau qui doit remonter à sa source : *l'ami des Sourds-Muets* seroit bien flatté de recevoir ce titre dans leur ouvrage. Je commence par mes observations.

# OBSERVATIONS
## ET CITATIONS.

Lorsqu'un auteur Sourd-Muet (1) a dit : » il » n'est pas, à proprement parler, de règles établies » pour l'éducation des Souds - Muets , chaque » instituteur forme sa méthode , et la croit » préférable aux autres » , le vertueux abbé

Ma fille ,
Ma fille ,
Ah ! combien tu me deviens chère!
Tendre élève du sentiment ,
Je serai pour toi deux fois père ,
Deux fois tu seras mon enfant :
Oui , mon enfant ; oui , mon enfant.

(1) *Saboureux de Fontenai , élève de Pereire.*

C

de *l'Épée* et son successeur n'avoient pas tiré cette science de l'enfance où elle étoit plongée dans le temps de *Pereire* : cependant il disoit vrai , et jusqu'à ce que nous ayons une méthode , non infaillible , parce que cela ne se peut , mais invariable , ce qui seroit bien consolant , chaque instituteur se formera une méthode à lui , quoique un peu fondée sur les premiers élémens. Vous savez ce que je vous ai eu témoigné au sujet de la formation d'un dictionnaire (1) de signes, qui fût le seul à suivre dans toutes les écoles des Sourds-Muets.

Jusqu'à ce jour , il existe cinq manières d'enseigner les Sourds-Muets. 1°. Par l'inspection du mouvement des lèvres , l'abbé *Deschamps* (2) , *Wallis*, *Conrad Amman* (3). 2°. Par l'alphabet (4) manuel , *Dompierre Ponce* , et *Pereire* , célèbre par son élève *Saboureux de Fontenai*. 3°. Par l'écriture, *Émanuel Ramirès* , de Cortone , et *Pierre Acastro.*

_____

(1) Cet ouvrage indispensable pour les écoles des Sourds-Muets , est promis par celui qui peut seul le bien exécuter. *Sicard* y travaille.

(2) Voyez son ouvrage : *Cours élémentaire d'éducation des Sourds et Muets* , chez les frères *Debure* , quai des Augustins.

(3) Cet auteur a traité la manière d'enseigner à parler aux Sourds-Muets. *Wallis* avoit auparavant fait une méthode en anglais sur ce sujet.

(4) Cet alphabet manuel étoit différent de celui que nous employons aujourd'hui : il ressembloit aux signes que les écoliers font en classe pour s'entretenir. Une seule main suffit à présent, tandis que tout le corps étoit employé.

4°. Par estampes, le père *Vanin*. 5°. Par les signes gestifs, l'abbé de *l'Épée* et *Sicard*. Cette méthode paroît la plus sûre. Voyez l'ouvrage de l'abbé de *l'Épée* (1).

J'ai réuni dans ma méthode ces cinq manières d'enseigner. Journellement je me sers de tous ces procédés : ce que l'un ne me procure pas, l'autre me le fournit. Les estampes sur-tout sont mises souvent en usage ; elles parlent mieux aux yeux que l'écriture ou les mots (2).

Un instituteur (3) des Sourds-Muets a avancé dans un mémoire présenté à l'académie des sciences : » que si les Sourds-Muets n'ont que de » courts intervalles de jugement, s'ils réfléchissent » peu, si leur esprit est foible et leur raison » momentanée, leurs idées et leurs actions sont » et doivent être sans suite ». Il n'avoit pas encore paru un *Massieu* (4), lorsque *Ernaud* écrivit de la sorte.

Ces êtres sont à la vérité plus lents dans leurs conceptions, et cela n'est pas étonnant. Il entre

(1) *La véritable manière d'instruire les Sourds-Muets* ; à Paris, chez *Nyon*, Libraire, rue du jardinet.

(2) *Segniùs irritant animos demissa per aurem,*
*Quàm quæ sunt oculis subjecta fidelibus. . .*
HORAT. *de Arte poët.* vers. 180 et 181.

(3) *Ernaud*, (*Helvétius*, de l'homme.) tom. I. pag. 101.

(4) Le plus fort Sourd-Muet de l'école de Paris. Cet élève immortalise *Sicard*.

plus de choses par cinq portes et plutôt que par quatre : c'est beaucoup que de suppléer à celle qui manque, et que j'ose appeler la porte cochère. Mais aussi ce qui parvient bien à l'entendement du Sourd-Muet y reste gravé profondément.

*Platon* appelle *l'ouïe et la vue* les sens de l'ame. Ils en sont en effet les plus directs ; mais il ne s'en suit pas pour cela, dit un philantrope de nos jours (1), qu'un homme sourd et aveugle fût imbécille, parce que l'ame voit et entend par tous les sens ; et que, comme l'a prouvé un auteur (2), le muet et l'aveugle moins distraits, l'un par le son et l'autre par la lumière, sont d'autant plus attentifs, d'autant plus concentrés en eux-mêmes, que pour suppléer au sens (3) qui leur manque, ils ont le plus grand intérêt de perfectionner les sens qui leur restent.

» Toute connoissance, dit Montaigne, s'ache-
» mine en nous par les sens, et ce sont nos
» maîtres. La science commence par eux et se
» resout en eux ». Mais il faut que le sens qui manque soit bien suppléé par ceux qui restent : il faut les guider pour cela ; et comme les cinq sens sont les cinq messagers de l'esprit, en

---

(1) *Bernardin de S. Pierre*, Études de la nature.

(2) *Diderot*, Lettres sur les aveugles.

(3) Un aveugle Sourd-Muet peut recevoir une instruction : par le tact on peut suppléer la vue et l'ouïe.

sentinelle dans chaque organe, si je puis m'exprimer
ainsi, le Sourd-Muet n'en ayant que quatre qui se
partagent entre eux le service de celui qui est
absent, il faut que leur service respectif ne soit
pas trop arrêté par le secours qu'ils prêtent. Ils
doivent être guidés, dis-je, et ce guide est la
méthode pour l'instruction des Sourds-Muets, que
le vénérable abbé de *l'Épée* n'a pas eu le temps
de perfectionner, et que l'humanité attend de
votre zèle, respectable autant que malheureux
philantrope! Que ne vous devront pas les Sourds-
Muets, cher ami! Leurs parens, plus à plaindre
qu'eux, vous béniront à jamais, si vous leur
fournissez des élémens à portée de les rendre eux-
mêmes les instituteurs de leurs enfans disgraciés!
Cet ouvrage régénérateur doit honorer le XVIII<sup>e</sup>·
siècle.

Il seroit à souhaiter que tous les pères qui
peuvent être les instituteurs de leurs enfans, ne
les confiassent pas à des mercenaires. Ce devoir
est autant indispensable pour eux, que celui d'une
mère d'allaiter son enfant. Mais on ne veut pas
se gêner ; aussi la société souffre-t-elle de cette
violation des devoirs. Le paysan élevant lui-même
son enfant dans son état, fait honte à ceux à
qui l'on pourroit appliquer ce vers d'*Horace* :

*Nos numerus sumus fruges consumere nati.*

Que de désœuvrés de moins, si les pères faisoient

quelques efforts à ce sujet! » S'il y a quelque chose
» de vénérable dans le monde, a dit naguère un
» journaliste (1), c'est un père qui, après avoir
» prolongé autant qu'il lui a été possible le bonheur
» du premier âge dans ses enfans, s'occupe ensuite
» de leur instruction avec ce zèle qui la leur
» rend moins pénible, et consacre l'esprit, les
» connoissances et le temps dont il peut faire
» usage, au devoir indispensable d'en être lui-
» même l'instituteur.

Pour le Sourd-Muet bien voir c'est entendre,
comme pour l'aveugle bien toucher c'est voir :
mais nous apprenons plus par le sens de l'ouïe
que par tout autre ; il faut donc que le Sourd-
Muet voie bien : combien de fois ce sens n'est-il
pas fautif ! Il faut apprendre à voir et à penser.

Rendre aux Sourds-Muets ce que la nature leur
a refusé, et leur donner pour ainsi dire, comme
fait *Sicard*, un esprit pour connoître et une ame
pour aimer, a été une entreprise due à un grand
génie, et perfectionnée par un génie non moins
relevé. Mais encore le public ne jouit pas entièrement d'un pareil bienfait, parce qu'un art est
imparfait. à mesure qu'il est plus voisin de sa
naissance, et que ce n'est qu'à force de travail
et d'habitude qu'on parvient à lui donner plus

_____

(1) Clef du cabinet des souverains, 15 prairial an 8 n°. 1239.

de précision, de promptitude et de netteté dans l'exécution. Aussi les premiers hommes à qui l'écriture étoit inconnue, pressés par le besoin de se communiquer leurs idées, peignirent-ils des caractères représentatifs, tels que l'*œil* pour la vigilance, l'*oiseau* pour la vîtesse, le *chien* pour la fidélité et la *main* pour la puissance. Cette manière d'exprimer ses idées est ce que l'on appelle le langage hiérogliphique, fondé et sur les sensations et sur les conventions humaines : leurs caractères figuratifs sont aussi expressifs qu'invariables par leur nature. Telle est la langue universelle, celle des Sourds-Muets, de ces vrais enfans d'*Adam* ( 1 ) qui n'ont pas besoin, pour faire connoître leurs pensées, de tours de phrases souvent amphibologiques, et chez lesquels un signe exprime plus que plusieurs mots : c'est le langage *mimique* ou *pantomime*.

Si l'on étoit réduit à des idées simples, comme les hommes qu'on appelle si improprement sauvages, il ne faudroit que des mots simples. Tel étoit le langage des premiers hommes, qui n'avoient guère que des interjections ; mais la civilisation ayant métaphysiqué les idées, il a fallu des mots abstraits.

---

( 1 ) Nous sommes tous enfans d'*Adam* ; mais je veux désigner ces êtres qui, sortis des mains de la nature, n'ont pas été gâtés par la civilisation.

Malgré ces abstractions, si les hommes voyoient également il n'y auroit pas de synonymes. Les choses étant envisagées sous différentes faces, il a fallu leur donner autant de noms relatifs. De-là ces mots à même signification, quoique variés par la forme et par les sons, qui tout en faisant la richesse d'une langue la rendent plus difficile : *l'abondance de bien nuit quelquefois.* Cette variété de mots met dans les langues beaucoup d'embarras (1), *elle est très-incommode pour le vulgaire et pour le philosophe, qui n'ont d'autre but en parlant que de s'exprimer clairement* (2). *L'inconstance et la mobilité des mots ont toujours jeté dans l'embarras l'entendement le plus subtil, le plus pénétrant : aussi la plus riche langue est l'arabe* (3), *qui n'a pas épargné les synonymes.* La française, quoique moins synonymique, est une des plus difficiles à cause de ses idiotismes, où tours de phrases subordonnés au grand tyran des langues, l'usage. De sorte que toutes les langues, quoique sœurs, parce qu'elles ne sont que des dialectes provenus d'une même mère, sont si déformées que l'on ne reconnoît plus les traits originels, et que leurs figures

---

(1) Mécanisme du langage, tome 1, page 352.

(2) *Sterne, Tristram Shandy.*

(3) Elle a, dit-on, cinq cents mots pour signifier un lion : aussi les arabes prétendent-ils qu'on ne peut la savoir en entier que par miracle.

primitives,

primitives, à force d'être fardées, sont presque effacées. De-là l'art si difficile de l'étymologie, qui est *un excellent instrument* (1) *pour disséquer les opérations de l'esprit, et découvrir l'agnation et* l'ascendance *des mots*, mais dont la connoissance est si restreinte dans ce siècle où l'on approfondit si peu. Aussi ai-je eu pour règle principale d'enseigner à mon élève les mots techniques des actions, parce que si le vrai ou le faux des idées dépend en grande partie de la vérité ou de la fausseté des expressions, il faut connoître les vraies expressions pour avoir des idées justes.

La force d'un discours provient de l'assemblage des termes : si l'on ne connoît pas leurs valeurs réelles, leurs véritables acceptions établies sur le sens physique du mot, l'on ne peut bien connoître la force d'un discours. Il est cependant bien des personnes qui, sans avoir une connoissance parfaite de l'étymologie des mots, ne laissent pas que de bien parler : telles sont les dames de Paris sur-tout, qui par leurs jolies expressions donnent un poli si agréable à la langue, et les italiennes qui parlent si gracieusement au cœur. Mais lorsqu'on veut enseigner une langue à des êtres que l'habitude de la société ne peut former, et auxquels on ne sauroit enseigner que *le gros du langage*, il est

---

(1) Mécanisme du langage.

D

essentiel de ne placer dans leur mémoire que la
vraie signification, parce que c'est par le vrai
sens que l'on parvient aux figurés.

Une langue dans son principe a été composée
de monosyllabes, parce que pour exprimer des
idées simples on n'a pas besoin de longs mots.
Quand les idées ont été combinées ou réfléchies,
il a fallu des mots propres à cette extention, leur
adjoindre bien-tôt des compagnes inséparables ;
tels sont les *adjectifs* : unir les premiers et les
seconds par un mot essentiel, et qui est devenu
celui par excellence, appelé *verbe* : enfin former des
phrases simples, après cela des phrases complexes,
par de nouveaux venus qu'il a fallu loger encore;
et bien-tôt le luxe s'en mêlant, on y a intercalé
d'autres mots, tels que les *articles*, les *adverbes*, etc.
et voilà où en est la langue.

Si elle est si difficile pour ceux qui entendent
et qui parlent, combien ne doit-elle pas l'être
pour ceux qui sont privés de l'ouïe et de la
parole ! Aussi le moyen de transmettre les idées
aux Sourds-Muets est-il un art si difficile. Tous
les hommes, même les moins instruits, ne peuvent
qu'être étonnés de cette nouvelle manière de
régénérer des êtres que l'ignorance de nos pères
avoit plongés dans une espèce d'ignominie : comme
si tous les ouvrages de la nature, quelqu'imparfaits
qu'ils soient, n'étoient pas sortis de la même main!

Au grand étonnement des hommes, les Sourds-Muets paroissent sur le théâtre du monde avec d'autant plus de connoissances que l'on s'attendoit peu à les croire susceptibles d'en recevoir, et que dans la société ces individus peuvent en former l'ornement, quoique privés du sens le plus essentiel pour l'entendement.

La scène dramatique vient depuis peu d'accueillir avec attendrissement le rôle d'un Sourd-Muet que j'ai connu à Paris sous le nom de *Solar*. Dans le temps le public a lu son histoire. Le cit. *Bouilly*, dans sa pièce philantropique *l'abbé de l'Épée*, si justement applaudie, a élevé un monument de sensibilité à ce nouveau *Prométhée*. Quand est-ce que le pays qui l'a vu naître acquittera sa dette envers ce bienfaiteur de l'humanité? Quand est-ce que le nom de cet homme si vertueux sera proclamé par un gouvernement si grand appréciateur des talens. Le peuple des Sourds-Muets, leurs parens et tous les hommes sensibles doivent se réunir pour demander un pareil acte de reconnoissance. Serions-nous au-dessous des payens? Ils auroient élevé un temple à un tel homme; ils l'auroient déifié. L'abbé de *l'Épée* a été une espèce de divinité sur la terre.

Parlant par les mains et entendant par les yeux, mes amis cessent d'être muets auprès de ceux qui savent lire dans leurs signes si expressifs, ou qui connoissent l'écriture, et ne sont plus sourds lorsqu'on sait leur parler par leurs signes ou qu'on leur écrit (1).

Extrêmement restraint dans ce court abrégé, je ne puis étendre mes réflexions : je me borne à vous donner une esquisse du grand travail que j'ai fait sur cette matière. J'ai dû vous entretenir d'abord de ce que j'ai observé, avant de vous détailler ce que j'ai fait. C'est ainsi qu'à la découverte d'une terre inconnue, les premières descriptions sont les montagnes et les rivières, ensuite l'intérieur des terres, puis les villes, les usages, à mesure que l'on s'est avancé dans le pays.

Sans parler des causes du *muétisme* (que l'on me pardonne quelques néologismes) ni du mécanisme du langage, étranger à cet abrégé (2), je finis par une réflexion qui me sert de règle dans l'instruction que je donne journellément à ma

_____

(1) Le titre d'*ami des Sourds-Muets*, sous lequel je suis connu parmi eux, est le plus flatteur que je puisse recevoir.

(2) Si le public accueille cet essai, je lui en témoignerai ma reconnoissance par un pareil auquel je travaille, et qui aura pour titre *la Sourde-Muette parlant*. Voyez ce que j'osai avancer en 1792, sur l'espérance où j'étois de pouvoir enseigner à parler à certains Sourds-Muets. ( Feuille villageoise, n°. 52 de la seconde année ). Voyez aussi les leçons à l'école normale, au sujet de Peyre de Nîmes, avec lequel on m'a vu faire des conversations suivies, soit à l'institution de Paris, soit dans le sein de ma famille, où il est venu répondre au désir que nous avions de le posséder. Nîmes peut être témoin d'un pareil phénomène, dû à la patience de son respectable père, chez lequel il est retiré.

Sourde-Muette. Je pense que le véritable talent d'un instituteur quelconque, sur-tout des Sourds-Muets, est d'avoir une netteté et un ordre d'idées suivies, claires, précises et sans ambiguité; jamais de louche, jamais de double sens; il faut descendre jusqu'aux plus petits détails: ce n'est pas du temps perdu. L'élève quittant le sentier du raisonnement, l'instituteur doit l'y ramener sans l'en faire apercevoir; tel est l'enfant que l'on conduit par les lisières. Il ne doit inspirer aucune réponse; il faut laisser trouver, autrement c'est placer dans la tête beaucoup de choses vides, c'est remplir l'appartement de meubles, au lieu de les ranger à leur place. Le grand ordre de l'instruction doit être *de minore ad majus* dans certains cas, c'est l'analyse; et d'autres fois de *majore ad minus*, c'est la synthèse. L'esprit de l'homme n'est pas uniforme dans ses conceptions; l'entendement humain ne marche pas dans un chemin toujours droit, il faut savoir suivre des tortuosités pour parvenir au but. Telle est donc la fatalité humaine, de n'avoir pas toujours des règles sures dans les différentes opérations de la vie, soit au physique soit au moral. Un homme qui le premier traverse un champ ne fait jamais un sentier droit: tel doit être le soin de l'instituteur, de suivre l'homme dans sa nature. Il ne doit pas se servir de sa méthode comme d'une selle à tous chevaux ou comme d'une panacée : il faut prendre les hommes comme ils sont , et non comme ils devroient être. (Petit avis aux systématiques ).

Vous savez mieux que moi ce que je viens d'exposer ; mais je vous écris comme à celui qui seroit entièrement étranger à cette partie. Je suis votre volonté en ce point.

# LA SOURDE-MUETTE

## DE

## LA CLAPIERE.

## PROCÉDÉS

## DE L'INSTRUCTION.

Les premières leçons données à ma fille n'ont guère été que par forme d'amusement : plût-à-Dieu que l'instruction des hommes ne leur parvînt que par ce canal ! Comme *Aristote* a dit : *les mots sont les signes de nos idées, les lettres sont les signes des mots*, j'ai cru qu'il falloit nécessairement commencer par les lettres pour parvenir aux mots : ce sont les premiers échelons des connoissances, jugeant ces signes matériaux indispensables et les

assimilant aux moellons d'un édifice. Mon maître
enseigne un mot entier : je respecte humblement
sa méthode ; mais avec la mienne j'ai réussi,
c'est le meilleur titre d'efficacité que je puisse
présenter, quoiqu'inférieur sans doute.

Il est bien d'autres points sur lesquels je n'ai
pas suivi la méthode de mon maître. Outre
qu'elle n'étoit pas imprimée, et que ma mémoire
n'a pu retenir tous les procédés, les circonstances
m'ont fait dévier du chemin que j'aurois battu
auprès de lui, et que je n'ai pu prendre en étant
si éloigné : d'ailleurs chacun a ses idées, comme
il est dit communément ; et jusqu'à ce que l'institution des Sourds-Muets ait un ordre invariable
d'enseigner, si jamais cela est possible, chaque
instituteur innovera malgré lui-même. *Sicard* en
offre une preuve : l'ouvrage qu'il vient de livrer
au public renferme des procédés perfectionnés
journellement à son école : il diffère assez de
celui de son maître. Il est plusieurs parties, dans
cet enseignement si difficile, qui n'ont pu encore
passer par la coupelle de l'expérience ; tel est
sur-tout l'article des conjugaisons. A mesure qu'un
instituteur enrichira la méthode, il surviendra des
changemens : l'instruction pour ceux qui parlent
varie ; pourquoi celle-ci, encore dans l'enfance,
n'auroit-elle pas éprouvé le même sort ? L'esprit
systématique est si naturel à l'homme ! C'est le
tribut

tribut de sa foiblesse , rendu à celui-là seul dont
les œuvres sont invariables.

L'âge de l'élève peut comporter les deux modes
élémentaires , et concilier l'espèce de différence
qui existe. Un enfant de quatorze ans, par exemple,
peut embrasser la totalité d'un mot, tandis que celui
de sept ans a besoin de le voir former avec les lettres
qui le composent. Tout instituteur abécédaire peut
en faire l'expérience. Voici comment j'ai procédé.

J'ai commencé par inspirer à mon élève le
désir d'avoir de jolis livres , bien reliés , ornés
d'estampes : la condition a été de savoir lire dans
ces livres comme ceux qui les possèdent. Je passe
sous silence les procédés employés à ce sujet , le
grand ouvrage les fera connoître. L'alphabet pour
les Sourds - Muets étant aujourd'hui simplifié à
l'emploi d'une seule main ( 1 ), au lieu des deux
et même du corps comme jadis , j'ai pris la main
droite de ma Muette : réunissant son pollex et son
index en croissant, ils ont formé un O. Je lui en
ai tracé le contour avec de la craie , et lui ai fait
imiter cette figure : elle n'a d'abord su par où
commencer. J'observe à ce sujet qu'il faut rendre
l'élève acteur , parce que ce qu'on fait soi-même
on le retient mieux que lorsqu'il nous est présenté

---

( 1 ). Il est appelé *dactylologique* , pour le distinguer de l'ancien
où tout le corps jouoit , et qu'on nommoit *biralologique*. C'est
celui employé jusqu'à l'abbé de *l'Épée* et l'abbé *Deschamps*.

E

par un autre. Mais lorsque l'enfant entreprend
quelque chose , il hésite , délibère , se consulte ,
regarde autour de lui , et notamment sur la
personne qui peut le guider : le Sourd - Muet
sur-tout est très - consultateur ; c'est un tribut
naturel rendu à la foiblesse de l'homme. Je guide
donc mon élève en ses premiers pas dans la
grande carrière que je dois parcourir avec elle ;
je prends sa main chancelante , lui fais tracer le
contour de l'O , et la livre ensuite à elle-même
pour l'imiter ; elle le forme enfin , non sans
incertitude , mais de gauche à droite. J'observe
encore à ce sujet que ce tour de rotation est
plus naturel : je m'en suis convaincu par des expériences sur d'autres enfans non Sourds-Muets et de
différens âges. Cette observation paroît minutieuse ;
mais rien n'est inutile dans les recherches : la
plus petite est un des anneaux de la grande chaîne.

De l'O je passe à l'I : avec ces deux lettres on
fait toutes les autres. De l'O et de l'I je forme l'$a$ ,
et ainsi de suite jusqu'à la dernière lettre. L'exercice
de ces leçons consiste : 1°. à lui marquer la lettre
sur la planche noire (1), et à la lui faire imiter ;

---

(1) Espèce de table noire semblable au tableau dont se servent
les Professeurs de Mathématiques , pour y tracer les figures. Elle
est préférable au papier , par la faculté qu'on a d'effacer. Il seroit à
souhaiter que dans les écoles publiques et privées on se servit de
la planche noire ; son usage seroit très-efficace pour l'enseignement
de l'orthographe.

2º. à la former avec la main , et à la lui faire figurer. Par ce moyen , je lui enseigne l'alphabet manuel et celui de l'écriture. Le temps employé à ces élémens a été très-long , parce que mon élève étoit très-jeune: je me suis accoutumé par-là à cette patience raisonnée qui fait la base de l'institution des Sourds - Muets. Leurs procédés eussent été dégoûtans , si je n'en avois adouci l'âpreté par des exercices variés: il faut quelquefois dorer la pilule.

En diversifiant mes procédés , je ne dégoûtois pas ma jeune élève. Chaque jour c'étoit nouvelle manière de la divertir , me rappelant ces deux vers :

> Que l'ouvrage a l'air plus facile ,
> Quand le travail est un plaisir.

Je tendois insensiblement à lui en faire trouver à ce que je lui enseignois.

Par exemple, formant de petits carrés de cartes , à mesure que je lui montrois une nouvelle lettre, ce que je ne faisois qu'après m'être assuré de la connoissance des précédentes , je la traçois en sa présence sur un de ces carrés , et une bonbonnière la recevoit. Elle voyoit par-là augmenter son petit domaine: le sentiment de propriété naît avec nous , si je ne me trompe , et le désir croît par la jouissance.

Lorsque mon élève a connu toutes les lettres

de l'alphabet , et j'ai commencé comme vous venez de le voir par celui de l'écriture , il a été facile de lui enseigner les deux autres : la mémoire a fait tous les frais de cet exercice , et un tableau de correspondance en a formé le signe indicateur.

EXEMPLE:

$$a - b - c - d - e$$
$$A - B - C - D - E \Big\} \&c.$$
$$a - b - c - d - e$$

La correlation des lettres ainsi établie , j'ai tracé en sa présence chacune de ces lettres, et chaque alphabet a été renfermé dans une boîte séparée. Alors formant avec la main ou écrivant sur la planche noire une lettre, elle me présentoit les deux pareilles , prises dans les deux autres alphabets , ou bien lui en montrant une de ces deux alphabets, elle la formoit à son tour en caractère d'écriture sur la planche noire , ou avec ses doigts conformément à l'alphabet dactylologique que nous pratiquons. Dans la suite je me suis exercé à les lui faire articuler , ou moi-même les articulant , à les lui faire lire par le remuement des lèvres. De sorte que nous avons trois manières de communiquer : la première par les doigts , la seconde par le mouvement des lèvres, la troisième par l'écriture. Ceux qui parlent n'ont pas plus de moyens : *bien voir c'est entendre*. La manière dont je lui ai enseigné à parler sera le sujet d'un autre ouvrage. Ainsi supposé que ce fût le D que je voulusse avoir, je le formois avec la main ; ma Sourde-Muette cherchoit dans le premier magasin, et en tiroit le carré de carte sur lequel étoit tracée cette figure D, et dans le troisième elle trouvoit sa correspondance d.

Une autre fois prenant une lettre d'un de ces magasins ; par exemple, g ; je lui en faisois écrire la semblable g, après me l'avoir figurée avec la main, et montré l'autre G : ou bien lui présentant cette dernière, elle trouvoit la première et la seconde, que je lui faisois mettre chacune sur l'index de chaque main, et que je lui rapprochois parallèlement, pour lui enseigner le signe d'égalité figuré par ce rapprochement, dans lequel ces deux doigts sont égaux.

Par d'autres épreuves à peu près égales, mais toujours variées autant que les circonstances le permettoient, je me suis assuré que mon élève avoit la connoissance des lettres aussi bien que celui qui entend. Les caractères de l'écriture ne disent rien à l'esprit, les yeux seuls en retiennent les formes : si le son de la lettre est le signe de rappel pour l'entendant, la présentation de cette même lettre sert de reconnoissance au Sourd-Muet,

qui a les oreilles dans les yeux, comme l'aveugle
a les yeux dans les doigts ( 1 ).

Voilà donc ma fille en possession des trois
alphabets. Je m'attache peu à lui en faire connoître
l'ordre abécédaire, dû à la convention établie
parmi les premiers grammairiens. Parcourons avec
elle un livre où se trouvent mêlées toutes ces
figures qu'elle connoît, et faisons l'expérience de
cette première et indispensable connoissance. Ce
sont les moellons qui vont servir à l'édifice que
nous élèverons bien-tôt avec elle. Je désigne donc
indifféremment avec l'index une lettre, ou bien
j'y pose le doigt au-dessous ; elle la reconnoît,
en forme le signe, ce qui est la prononcer à mes
yeux. Je lui demande la même lettre contournée
différemment ; elle va me la trouver parmi celles
d'une impression différente. Mais comme les résultats que l'on obtient auprès de ces êtres sont
fautifs, et pour m'assurer que la connoissance en
est certaine, je lui fais répéter cet exercice et
parcourir tout son alphabet, à la manière dont
les maîtres d'école l'enseignent. Je ne m'en tiens
pas là ; j'écris sur la planche noire une lettre

---

( 1 ) On est parvenu à enseigner à lire et à écrire aux aveugles
par le moyen de lettres relevées en bosse. Le cit. *Haüy* est un
second abbé de *l'Épée* : il mérite de l'humanité et des sciences
par une pareille entreprise. Son école est très-curieuse. Je me
propose d'élever un aveugle : puissé-je y réussir!

différente, et cela très-sérieusement, pour ne pas lui donner du soupçon : par exemple, si je lui indique M, elle va me querir *m*, je trace *h* ; elle compare, me regarde, est étonnée ; je souris, elle de même, efface cette figure, et me faisant signe de sortir, lorsque je rentre je trouve *m* sur la planche noire. Me voilà convaincu que mon élève sait parfaitement distinguer les figures des lettres ; elle en a la conscience, si je puis m'exprimer ainsi. Cet exercice l'a beaucoup amusée, sur-tout lorsqu'elle a pu me rendre la pareille, ce que je lui ai permis de faire. Nous ne sommes que des singes, aussi le premier de tous les soins pour l'instituteur de l'enfance, est-il de ne présenter que de bons exemples à imiter. Nous sommes comme une étoffe blanche ; la première teinte s'y connoît long-temps ; les premières impressions déterminent l'éducation des hommes. Ces exercices paroîtront minutieux peut-être ; ce n'est pas ma faute : je les détaille avec confiance à ceux qui ne dédaignent pas de se mettre à califourchon sur un bâton avec leurs enfans, comme faisoit ce roi devant qui se présentèrent des ambassadeurs. Le sentiment paternel adoucit bien l'âpreté de ces exercices, et la jouissance qu'ils présentent est proportionnée à la peine. Tel ce jardinier ou ce curieux patient, qui après avoir soigné une plante rare, trouve dans la vue de sa fleur la récompense de ses travaux, et dans l'espoir de son fruit un plaisir d'autant plus vif, qu'il est attendu par un cœur désintéressé. Ces amusemens en valent bien d'autres : j'en appelle aux pères et mères qui savent remplir leurs devoirs envers leurs enfans.

Nous sommes en possession des matériaux pour les noms ; ces signes ne disent rien à l'esprit : initions-la dans l'immense carrière des connoissances humaines ; parcourons avec elle ce domaine florissant. Jusqu'à présent étrangère et comme isolée parmi les êtres au milieu desquels elle vit ; usant des choses qui l'entourent sans savoir ce qu'elles sont, ouvrant de grands yeux sur tous les objets qui l'environnent, faisons-lui lier connoissance avec ses voisins, menons-la par la main et avec précaution dans ce pays : pas-à-pas faisons-lui découvrir ses richesses. Elle ne voit que des yeux corporels ; tout est physique pour elle : que sa vue intérieure se développe ! Avec le flambeau de l'analyse éclairons tous les replis de son entendement : formons un homme. Quelle entreprise ! elle est hardie, oh sans doute ! mais, paternité, de quoi n'es-tu pas capable !

Qu'est-ce qui doit nous être le plus cher ? C'est sans doute ce qui nous touche de plus près. Nous sommes toujours *ego* sans nous en douter : de ces choses qui sont *nous*, il faudra passer à celles qui nous entourent, et de celles-là aux plus éloignées.

éloignées. Telle est la marche de la nature, de laquelle on ne s'écarte que trop dans les institutions humaines , et dont les voies sont tellement obstruées, que l'on est souvent obligé de faire de grands efforts, lorsqu'il n'y auroit presque rien à surmonter, si l'on étoit moins entouré de préjugés et de systêmes.

Je prends la main de ma Sourde-Muette , je l'étends sur la planche noire , et les doigts écartés j'en trace la figure avec de la craie : la main ainsi (1) dessinée, je cherche dans une des trois boîtes quatre lettres, ce.sont *a*, *i*, *m*, *n*. Je place ces quatre lettres dans l'ordre suivant *m*, *a*, *i*, *n*; je fais signe à mon élève que ces quatre lettres ainsi rangées servent à désigner le mot *main*. Je forme un pied et fais le même exercice, une jambe, un nez , etc. Arrêtons-nous au premier nom dont la forme est sur elle-même et la figure sur la planche noire. De même que cette effigie représente cette partie de son corps , de même ces quatre lettres sont le rappel de cette forme : de sorte qu'en voyant la figure d'une main , on la regarde en soi, si je puis m'exprimer ainsi ; et de même au coup-d'œil

___

(1) Telle fut la première leçon. de dessin que reçut mon élève : depuis ce moment ses progrès dans cette partie, qu'elle continue , ne sont pas moins rapides que ceux qu'elle a faits dans l'écriture. J'observe à ce sujet qu'un instituteur de Sourds-Muets devroit être peintre.

F

des lettres *m*, *a*, *i*, *n*, on a l'idée de l'objet que ces quatre lettres représentent. Mais je dois habituer cet élève de la nature à se rendre compte à lui-même de tout ce qu'il verra : il ne doit pas encore croire sur parole ; il faut plutôt qu'il soit assuré, persuadé de ce qui se présente. Je ne pourrai le familiariser avec tous les objets qui l'entourent, qu'après qu'il les aura vus de ses propres yeux, *maniés* pour ainsi dire intellectuellement. C'est lui qui doit trouver ; je dois, moi, le mettre à même de chercher. Sur ce grand théâtre il doit jouer le principal rôle, je ne dois être souvent que le machiniste.

Je fais entrer quelqu'un comme par hazard : alors, les quatre lettres étendues sur une table et rapprochées, je fais signe à mon élève de les montrer à celui qui entre. L'enfant émerveillé de ce nouvel exercice, promène d'abord ses regards sur les quatre lettres formant pour lui un tableau, de-là sur la personne à qui il va les montrer ; après cela sur moi, comme pour me dire de ne pas être indiscret. Alors montrant ces quatre lettres à ce troisième acteur, celui-ci lui présente sa main, et désigne celle qui est tracée sur la planche noire, sur le milieu de laquelle nous avons fait écrire auparavant par la Sourde-Muette les quatre lettres rangées comme sur la table. C'est ici un moment favorable, mais cela ne suffit pas. Pour prouver à l'élève que cette personne n'est pas d'intelligence avec nous, ( le Sourd-Muet est très-soupçonneux ), présentons ce même nom à plusieurs autres personnes ; le même signe de reconnoissance est *main* pour toutes. Ce témoignage est irrévocable. Faisons une contre-épreuve : c'est de ce premier essai que dépend le reste de l'instruction.

Ces quatre lettres sont mêlées ; l'édifice croule, il n'y a plus de nom, ce ne sont que des décombres. Construisons encore ; plaçons chacun une lettre, formons un tout de ces élémens épars, faisons sortir la matière du cahos.

Les lettres sont rapprochées ; la Sourde-Muette tournant le dos à la planche noire, ne se doutant pas d'ailleurs de l'ordre qu'il falloit observer, nous avons le tableau *i, m, a, n*. Le petit chagrin de l'élève semble réparé : ses yeux, encore mauvais observateurs, croient reconnoître la chose rétablie. Faisons entrer une autre personne, ou bien une de celles qui ont servi à la première opération, et qui avec nous ont fait le signe de la destruction du nom, lorsque les carrés de carte ont été mêlés. Que la Sourde-Muette lui montre ce même tableau, dans lequel elle n'aperçoit pas encore de changement ; cette personne fixe de grands yeux sur ces quatre lettres, et ne reconnoît aucune représentation d'objet. La Sourde - Muette a beau lui montrer la main, la personne nie la

chose : on ne s'en tient pas à son témoignage.
J'évite de présenter le mien ; je sors afin qu'elle
me questionne le dernier. Toutes les personnes
appelées font comme la première. J'entre : l'élève,
l'étonnement sur la physionomie, reçoit de moi
la sanction. Alors que fais-je ? la faisant tourner
du côté de la planche noire, je lui fais remarquer
l'arrangement des lettres écrites sur la figure de
la main : m est la première, tandis que c'est i sur
la table , a la seconde , i la troisième , n la
dernière. Cet ordre comparé avec l'autre, nous
trouvons la différence. Cette leçon, minutieuse
en apparence, est la meilleure opération de
logique que l'on puisse exécuter. Nous ne savons
que par comparaison, nos pensées ne sont que des
*idées pesées* : celui qui ne sait pas comparer ne
peut pas juger ; et qu'est-ce que raisonner, si ce
n'est bien juger ?

Nous avons deux tableaux différens, quoique
composés des mêmes élémens, dont l'un a chaque
partie à sa place, tandis que l'autre les a dans
des places étrangères.

Que l'élève forme les parités , qu'il apprenne
à juger. Il regarde à notre instigation sur la
planche noire, et prenant l'm de la seconde
place, il lui donne la première, l'a de la
troisième passe à la seconde, l'i est reculé à la
troisième place, n n'est pas dérangé. Voilà ce

tableau, semblable au modèle qu'elle consulte : ils sont en effet égaux ; c'est le premier état. Mais voyons si de cette manière les personnes qui ont reconnu la *main* dans le premier arrangement et méconnu dans le second, la reconnoîtront dans celui-ci. Nous avons prié les acteurs de se retirer.

La Sourde-Muette va tirer par le pan de sa robe celle qui la première n'a pas reconnu le nom; c'est une dame de la société. J'observe qu'elle donne en tout la préférence aux personnes de son sexe. Cette dame se porte à la table, sur l'invitation elle regarde le tableau, reconnoît le nom et le prononce aux yeux de l'enfant, en lui montrant la main ou en prenant la sienne, et lui désignant la figure qui est sur la planche noire. Les autres personnes sont aussi invitées, et toutes donnent les mêmes signes de reconnoissance. L'élève contente va répéter le même exercice : elle mêle les cartes et les arrange en regardant son modèle sur la planche noire ; mais comme ce modèle doit être empreint dans sa mémoire, j'efface le nom écrit, la voilà désorientée ; son point d'appui a disparu, il faut qu'elle ait recours au nouveau ; il est en elle, elle doit lire intérieurement. Le patron étoit devant ses yeux, il est à présent derrière ou absent ; il faut qu'il vienne devant, c'est le signe de la mémoire que nous faisons avec elle, parce que le souvenir n'est autre chose que ce qui étant absent paroît à nous. C'est une faculté de l'esprit qu'il faut ménager : elle est au jugement ce que le bâton est au corps ; il ne faut pas trop s'y fier, il ne faut pas trop non plus la négliger. C'est une glace à laquelle on ne doit recourir qu'à propos.

Le nom écrit effacé, et les matériaux de celui qui étoit rangé sur la planche noire épars, que l'élève consulte son nouveau protocole : à la première épreuve elle peut ne pas réussir, parce qu'encore cette nouvelle manière de travailler en elle est foible et inassurée : ne lui dictons pas ce qu'elle doit faire ; ce seroit ouvrir une porte à la paresse, ce seroit la porter, tandis qu'elle doit aller elle-même. Facilitons les moyens, et pour cela écrivons encore le nom sur la planche noire, ou rien que la moitié, ou bien seulement la première lettre : le moindre signe rappelle la chose.

A force de répéter l'exercice de plusieurs manières à-peu-près semblables, et que chaque instituteur peut se former, ou que les circonstances feront naître, l'élève s'identifie avec le tableau, et de celui-là il passe à un autre ; ainsi de suite. Mais ne nous en tenons pas à ce mécanisme ! faisons une nouvelle épreuve, le tout en y mêlant beaucoup d'aménité. Faisons désirer ; soyons priés d'inventer quelque chose de nouveau : gardons-nous sur-tout de pédagogie ; elle est la plus cruelle ennemie de l'instruction, elle la paralyse.

Soyons les amis de l'enfance ; jouons avec elle.
Vous qui ne connoissez point ces amusemens,
que je vous plains ! ce sont les vrais plaisirs du
cœur, que les jeux de l'innocence.

Je prends donc les quatre lettres, déjà sâles
à force de les employer, et les mêle avec celles
du magasin d'où elles ont été tirées: il faut trouver
les pareilles dans un autre, les arranger, en
écrire ensuite le nom sur la planche noire, aller
après cela dans le troisième dépôt, et en tirer de
semblables pour faire la même opération. Exécuter
tout cela n'a pas été l'affaire d'un jour, parce
qu'il falloit aller *gradatim* et avec ménagement,
afin de ne pas tomber dans un des grands écueils
de l'instruction publique, le découragement : alors
s'est présenté le tableau suivant, en trois différens
caractères.

*m a i n*
M A I N
m a i n

Je n'ai employé ce procédé que pour une
dizaine de noms : je me suis ensuite contenté ou
de former les lettres avec la main, et alors mon
élève les écrivoit à mesure sur la planche noire ; ou
de chercher ce nom dans le dictionnaire. Quelquefois
j'ai employé le mouvement des lèvres, afin de
l'habituer à cette partie de son enseignement, que
j'ai déjà poussé assez loin auprès d'elle.

De quelque manière qu'elle apprît les différentes lettres qui composent un mot, je me suis appliqué à lui en faire retenir l'ordre des lettres ; et quoique le mot ne soit autre chose qu'un tableau pour le Sourd-Muet, il faut indispensablement que chaque partie soit à sa place, afin de le bien reconnoître une autre fois. Si, par exemple, au lieu d'écrire *pain* ma Sourde-Muette écrivoit *p, i, a, n*, je ne lui rectifiois pas l'anagramme, mais je lui fournissois l'occasion à elle-même de mettre chaque lettre à sa place. Un instituteur comme il y en a tant corrigeroit la faute, et il croiroit par-là avoir tout fait. Je le répète, fermons la porte à la paresse : que l'enfant se corrige lui-même ; et pour cela combien de moyens ! Bornons-nous à celui de comparaison, à-peu-près comme pour le mot *main* ; varions seulement l'exercice, adoucissons l'âpreté de l'étude, sur-tout de celle que le Sourd-Muet fait avec nous , dans le commencement des épreuves auxquelles il va être exposé dans cette institution singulière. Tantôt ayant plusieurs personnes, et écrivant sur le devant du chapeau de chacune d'elles une des lettres du mot mal rangé, je les plaçois au lieu convenable, en transmutant celle qui n'y étoit pas, comme dans le mot ci-dessus. Alors l'élève comparoit et il rectifioit. Ou bien prenant , par exemple, dans *p, i, a, n,* la lettre *a* comme une prise de tabac ,

je

je la portois en avant de l'*i* ; il n'en falloit pas
davantage.

Taisons d'autres moyens qui sont à-peu-près les
mêmes.

Je m'appesantis peut-être trop sur cette partie :
je le dois au vœu de ceux que j'ai consultés. Si
je n'eusse qu'abrégé, tel père de famille qui pourra
mettre en usage ces premiers procédés, n'eût pu
le faire que lors du grand ouvrage : c'est d'ailleurs
des premières leçons que dépend le reste de
l'instruction, toute fondée sur le même principe.
L'analyse a été mon principal agent : c'est avec
lui que j'ai semé de fleurs le sentier pénible dans
lequel j'ai fait des pas bien précieux à mon cœur,
et j'ose dire à l'humanité. Heureux s'ils peuvent
servir de guide à ceux pour qui je les détaille !

Avec le secours dont je viens de parler, bien-tôt
les noms des objets environnans nous sont connus
de proche en proche : nous parcourons l'immense
pays de la nature ; nous formons cette nomenclature
innômbrable, en plaçant dans ce grand magasin
des provisions dont journellement nous tirons. A
peine avons-nous parcouru les différentes parties
de notre corps, les meubles de nos appartemens,
qu'il faut étendre plus loin ces connoissances. A
mesure que nous rencontrerons de nouveaux objets,
nous augmenterons notre collection, avec le soin
cependant de ne pas trop ramasser à la fois ; nous

G

serions pauvres par trop de richesses. Mais est-ce moi qui ai fait cette récolte? non: c'est elle qui a cherché à entasser. Je l'ai mise dans la position de désirer, parce que c'est le premier et indispensable élan vers l'instruction. Elle a été poussée, sans qu'elle s'en aperçût, vers des objets essentiels à être connus.

Je ne me suis pas de suite rendu au désir qu'elle a eu d'en savoir le nom : une jouissance tardive a bien son prix ; le fruit verd n'a point de saveur : aussi mon élève ne pouvant posséder que les objets dont elle saura le nom , et ne devant parvenir à une autre connoissance qu'après m'avoir satisfait sur les précédentes , il a fallu qu'elle se familiarisât bien avec les premiers. Je sens combien ce procédé peut éprouver de contradicteurs ; mais ce ne sera pas certainement auprès de celui qui sait que *du connu il faut passer à l'inconnu.* Ce n'est pas seulement aux Sourds-Muets que ces procédés sont applicables ; ils le sont aussi aux autres enfans non disgraciés.

Mais comment un Sourd - Muet pourra-t-il demander à connoître le nom d'une chose, objectera celui qui, n'étant pas habitué avec cet être , croit qu'il y a un si grand intervalle à franchir entre lui et nous ? Le Sourd-Muet n'a-t-il pas les mêmes sensations que nous? ne sommes-nous pas comme lui les enfans du besoin ? Les signes sont pour lui ce qu'est pour nous la parole. De quelle manière que nous demandions, pourvu que l'on nous comprenne nos vœux peuvent être satisfaits.

Depuis que l'on a établi le moyen de communication qui nous séparoit de ces êtres intéressans, ils ne nous sont plus étrangers: par leurs signes plus expressifs et moins traînans que nos paroles, ils nous expriment leurs idées, et forment cet échange admirable des facultés intellectuelles. Nos connoissances nous parviennent par occasion; aux Sourds-Muets ce n'est pas par un canal différent: ils ont plus de réminiscence que nous parce qu'ils ne sont pas autant distraits; ils sont tout en eux-mêmes. Leurs idées se fixent sur les objets connus; ils ne savent pas autant que nous, mais souvent ils savent mieux, ce qui est bien préférable. Leur mémoire peut n'être pas autant meublée que la nôtre; mais ce qui lui est confié est bien classé et par conséquent bien-tôt trouvé. L'imagination du Sourd-Muet aussi vive, se forme des idées moins fausses, parce que l'ordre a été mieux suivi dans son institution que dans la nôtre. Ce que je dis de mes amis est moins l'effet de mon enthousiasme, que de l'expérience acquise auprès d'eux, et sur-tout auprès de celle qui m'est si chère. Vous qui croyez peut-être encore, comme celui qui s'est oublié au point d'assimiler ces êtres

à des automates (1), que les Sourds-Muets ne
sont pas susceptibles de perfectibilité, étudiez ces
élèves du malheur, et vous serez honteux de vous
trouver si peu au-dessus d'eux.

La nomenclature des objets nous a tenus un
temps infini, parce qu'il a fallu aller par ordre.
Il n'a pas été perdu ce temps : à mesure que le
nom a été connu, pour pouvoir le demander ou
le faire reconnoître, nous avons dû y attacher
un signe figuratif; mais ce n'a pas été à moi à
le lui donner, j'ai mis ma Muette dans le cas de
le trouver; c'est le mot qu'elle doit prononcer
à mes yeux pour savoir ce qu'elle désigne, ou
que je dois prononcer aux siens dans nos futures
relations. C'est elle qui doit me communiquer
sa langue comme feroit un Otaïtien (2); je
dois, moi, seulement faire échange de la mienne
contre la sienne : cette opinion est le fruit de
l'expérience faite avec les Sourds-Muets de Paris,
et plus particulièrement avec ma fille.

Un carré de carte a reçu pendant quelque
temps le mot en caractères d'imprimerie, afin de
l'accoutumer à la lecture des livres, connoissant
premièrement par elle-même ceux de l'écriture,

---

(1) Voyez ma lettre au sujet du *Mémoire ou Considérations sur
les Sourds-Muets*, page 7, n°. 1301 de la Clef du cabinet, du
27 thermidor an 8.

(2) Peuples découverts par *Kooc*.

Un petit coffre a formé la collection de ces nouveaux résultats : je lui en ai fait faire dans la suite un relevé sur un cahier, pour le consulter au besoin.

Lorsqu'elle a eu en propriété plusieurs mots, les leçons ont consisté toujours avec autant de variété d'amusement que j'ai pu : 1°. à tirer ou faire tirer indifféremment du coffre, et à sa vue, les carrés de cartes, comme on tire les boules d'un sac de loto : 2°. à lui faire faire le signe du mot écrit, et à copier ce mot sur la planche noire ; ou bien faisant moi-même le signe d'un des noms renfermés dans ce petit magasin, elle le cherchoit parmi les autres et me le présentoit. C'est le même procédé que pour les lettres. Par ce moyen je lui donnois leçon d'écriture et de lecture.

Bien différent de nos routiniers pédagogues, lorsque mon élève a confondu un mot avec un autre, au lieu de le lui dire ou de le lui montrer, ce qui est la même chose, elle a été forcée à le trouver elle-même. Accoutumée de bonne heure à chercher, elle ne s'est pas reposée sur la facilité à le savoir de moi. C'est une porte fermée à la paresse, que de faire trouver au lieu de présenter l'objet cherché. *Portez l'enfant à l'objet*, dit *J. J. Rousseau*. J'ai remarqué à cette occasion qu'un rien a été un point de ralliement pour mon élève, parce que le Sourd-Muet est entièrement avec lui-même. Que si son imagination se porte quelquefois ailleurs, il faut lui laisser suivre son idée, la lui laisser épuiser, et alors il revient dans son assiette, sans regret sur l'objet délaissé. Ce que je dis des Sourds-Muets est applicable sur bien des points à ceux qui ne le sont pas : leur entendement est le même, quoique éclairé bien différemment.

J'oubliois de vous dire que j'ai employé utilement un bureau typographique formé de dés, semblable à celui que nous avons vu d'un instituteur à Versailles. Au lieu d'un seul alphabet j'y ai gravé les trois, n'ayant qu'à tourner à mesure que je voulois faire former des mots dans un de ces trois alphabets (1).

C'étoit par manière de récompense que je lui donnois cet exercice ; ainsi tout en lui fournissant un amusement, j'avançois quoiqu'à pas lents dans cette région inconnue. Je vous prie de remarquer, et vous le savez sans doute mieux que moi, que tout devient punition ou récompense; cela dépend de la manière dont on présente la chose (2).

_____

(1) Un pareil bureau typographique, d'un prix très-peu dispendieux, seroit très-utile dans les écoles soit primaires soit particuliéres. J'en offre le modèle à ceux qui voudront en faire usage.

(2)     *Nitimur in vetitum semper, cupimusque negata.*

*OVID.* 3. *De arte amandi.*

# THÉORIE
## DE LA NUMÉRATION.

LORSQUE mon élève a eu une certaine collection de mots, il a fallu lui donner la connoissance des nombres. Quoique cette science ne fournisse guère d'aliment à l'esprit, elle a cependant employé un temps précieux, pour initier ma Sourde-Muette dans cette partie si insipide de l'enseignement humain.

Les dix doigts de la main ont été les premiers agens dans cette opération. C'est la manière la plus naturelle de compter. » C'est l'extrémité des » deux mains refendues en dix parties, qui a été » l'organe primitif et le premier indicateur des » nombres. Leur ordre jusqu'à dix (1) et la » progression décimale sont fondés sur les doigts. » C'est, dit *Desbrosses*, une table arithmétique » fabriquée par la nature ».

Nous tenons les chiffres ou *caractères des nombres* des Arabes : c'est pour cela qu'ils ont gardé leurs noms originaires. Il est prétendu que c'est des Brachmanes

---

(1)  *Hic numerus magno tunc in honore fuit,*
*Seu quia digiti per quos numerare solemus.*

OVID. Fast. 3.

que ce peuple, si savant en mathématiques, avoit eu cette science.

Des auteurs attribuent l'origine des chiffres à diverses nations, aux *Carthaginois*, aux *Latins*, aux *Celtes*, aux *Scythes*. Il y a apparence que c'est de l'orient que cette connoissance est sortie, étant reconnu que c'est du mot arabe *saphar*, qui veut dire *compter*, qu'a été formé le mot *chiffre*. Et l'on sait combien les étymologies forment autorité pour l'histoire.

On ne s'est servi des chiffres en europe que depuis le XIII<sup>e</sup> siècle selon les uns, et ils attribuent au savant astronome *Alphonse*, roi de Castille, l'introduction de cette science. D'autres, tel que *Velly* dans son histoire de france, donnent à *Gerbert*, archevêque de *Rheims* sous *Hugues Capet*, la gloire d'en avoir été le premier protecteur. Quoi qu'il en soit de ces opinions et de semblables; que ce soient les Arabes d'afrique qui aient apporté les chiffres en espagne, que ce soit *Palamède* qui durant le siège de Troyes inventa cette manière universelle de s'entendre, ou qu'*Algus*, Arabe de nation, en soit l'auteur, il n'en résulte pas moins que ce fut un grand effort de génie, que d'établir une pareille relation sociale.

Cet art ne le cède guère à celui (1) *de peindre la*

---

(1) Brebeuf.

*parole et de parler aux yeux*, et devient indispensable dans le commerce de la vie.

Sans vouloir faire des Sourds-Muets de grands chiffreurs, parce qu'il est des parties plus essentielles à leur communiquer, ils doivent avoir les principales notions de l'arithmétique. Par leur état silencieux ils sont très-propres à cette partie.

On divise le nombre en cardinal et en ordinal. Le premier sert à marquer un quantité quelconque depuis un jusqu'à l'infini : le second à établir l'ordre, comme *premier*, *second*, *troisième*, etc.

La meilleure manière d'enseigner une science est, si je ne me trompe, par l'application de la chose même, sur-tout dans cette institution, où l'on doit rendre compte de la plus petite partie ; dans cette institution, où une démonstration palpable doit former la base de l'enseignement. Cette manière de faire connoître les choses est assurément très-avantageuse, si elle n'est pas la seule à suivre, et les enfans appris de cette façon sauroient bien : mais c'est sur-tout envers les Sourds - Muets que les connoissances pratiques doivent être employées. Aussi mon point de mire sans cesse présent, *du connu à l'inconnu*, et mon élève acteur principal dans nos recherches, ai-je franchi d'une marche persévérante les grands obstacles qui se sont présentés.

Il y a deux sortes de nombres, les simples et

H

les composés: commençons par ceux avec lesquels sont formés les autres. Nous avons neuf figures à trouver, avant d'arriver à celle qui est la cheville ouvrière de la numération, le *zéro*.

Mon élève ayant ses deux mains fermées, je relève le pollex d'une des deux, j'y sillonne tout le long avec le crayon, et imite cette figure sur la planche noire, écrivant au-dessous son nom; exemple : $\underset{\text{un}}{\text{I}}$. Le pollex et l'index sur lesquels je fais la même opération, me forment $\underset{\text{deux}}{\text{II}}$; mais après avoir dit *un* et *un*, sans quoi l'élève n'auroit que l'idée d'unité.

Qu'est en effet le nombre ? ce n'est qu'un assemblage de plusieurs unités. Si à une unité vous n'en ajoutez pas une autre en vous reportant sur la première, ce ne sera qu'*un* à l'esprit comme à la vue. Si je présente un doigt ouvert, le Sourd-Muet écrira *un*; si j'en redresse un autre, il écrira *un*; un troisième doigt, il continuera toujours à écrire *un*: de sorte que l'on aura *un*, *un*, *un*, *un*, *un*, *un*, *un*, *un*, *un*, *un*, en déployant les dix doigts. Je parle d'après ma propre expérience auprès de mon élève : que l'on en fasse l'épreuve, et l'on s'assurera de cette difficulté première.

Un doigt ouvert ne peut être en effet qu'*un*; le doigt suivant de même, si vous ne récapitulez le premier, auquel vous ajoutiez le second.

L'application à un objet sensible en démontrera la preuve. Cette observation pourra paroître oiseuse; mais je prie le lecteur de se rappeler que je suis comme un historien, et que je préviens ceux qui voudront marcher dans la voie que j'ai battue, des mauvais pas que j'y ai rencontrés; que je fais mes efforts pour leur tracer la route qu'ils ont à prendre, ou pour mieux dire celle que j'ai moi-même prise, et qui m'a conduit au but désiré (1).

Ouvrant donc trois doigts de ma Sourde-Muette, je dis un, un, un, ou trois $\underset{\text{trois.}}{\text{III.}}$ Je continue de cette manière jusqu'à neuf; le dixième reste ployé et pour cause. Alors le tableau suivant formé :

| I | II | III | IIII | IIIII | IIIIII | IIIIIII | IIIIIIII | IIIIIIIII |
|---|---|---|---|---|---|---|---|---|
| un | deux | trois | quatre | cinq | six | sept | huit | neuf. |
| 1 | 2 | 3 | 4 | 5 | 6 | 7 | 8 | 9 |

je place au-dessous les figures abrégées de ces barres, trop incommodes pour des nombres considérables : ce seront ces figures qui représenteront à son esprit les barres bien-tôt supprimées. Nous voici à cette figure qui, égale à rien lorsqu'elle

_____

(1) Que le lecteur ne perde pas de vue que c'est ici un compte rendu à mon maître, et que son impression n'est due qu'à la demande de presque tous mes amis, et principalement aux instances les plus pressantes de l'éditeur, qui joint à ce premier titre un amour ardent pour la propagation de la science; et un attachement extrême pour tous les Sourds-Muets, et sur-tout pour ma fille avec qui il est en correspondance.

est seule , donne une si grande force à celle que l'on place à sa gauche. C'est une espèce de dièse en musique.

Il y a eu beaucoup d'art dans l'invention du *zéro*. Doué d'une puissance passive en lui-même , quelle activité ne communique-t-il pas par sa place ?

En formant cette figure à la suite de neuf, et disant qu'après 1 il sert à exprimer dix , après 2 vingt, etc. on a bien-tôt franchi la difficulté ; mais à un Sourd-Muet il faut expliquer la chose. Voici donc comme j'ai enseigné le zéro.

Ou par la forme du petit doigt crochu , les neuf autres étant déployés , ou en faisant fermer les deux mains à mon élève et les rapprochant, ce qui marque l'absence de toute unité , puisque sa présence a été figurée par un doigt non fermé. Cette figure des mains ainsi rapprochées forme un *zéro* , o. Le signe que ma Sourde-Muette a établi pour désigner ce chiffre a été un coup d'ongle donné à une des deux dents incisives supérieures , avec enfoncement du cou dans les épaules , à peu près comme lorsqu'on pelle une châtaigne avec les dents. Ce signe est très-naturel, comme tous ceux que le Sourd - Muet fait par lui-même : c'est sa langue. J'observe à ce sujet que le commun des hommes use habituellement de ce signe , ainsi que de tant d'autres dont ce n'est pas le lieu de parler , et que je releverai dans mon prochain opuscule *la Sourde-Muette parlant.*

Le zéro est donc l'absence de toute unité. Mais donnons-lui de l'activité : appliquons l'action à la chose. Prenant dix petits jetons, j'en ai placé un sous chaque doigt de mon élève, dans la position de celui qui touche un *forte-piano* : voilà les dix jetons cachés.

Je cherche des yeux et n'aperçois aucun jeton : c'est *rien*, ou son synonyme *zéro.*

Je demande par écrit à un quelqu'un de la compagnie : voyez-vous des jetons ? la réponse est non. Ou bien : D. Jetons, combien ? R. Zéro.

Alors, relevant un doigt de la main de la Sourde-Muette, j'ai demandé à la même personne : combien voyons-nous de jetons ? La réponse a été : nous en voyons *un.*

Relevant un autre doigt la vue a été sur *deux*, et ainsi du reste jusqu'à neuf. Cet exercice a été fait de différentes manières et avec d'autres objets. C'est à chaque instituteur à former ses procédés suivant la position où il se trouvera, et ce que son génie lui suggérera : j'indique moi la marche que j'ai suivie. Je n'en aurois pas même dit autant sur cette partie, qui n'est plus un abrégé, si le vœu d'un ami estimable et versé dans la partie de l'instruction, étant lui-même l'instituteur de son fils, (l'éditeur de cet opuscule), ne m'avoit porté à présenter de l'occupation, pour deux ou trois années au moins, à celui qui en attendant le grand ouvrage annoncé sera tenté de m'imiter.

J'ai par le même motif, et d'après de semblables avis, détaillé les autres parties de cet enseignement.

Nous voici arrêtés au nombre neuf : c'est le *nec plus ultrà* des nombres simples. Ces neuf figures, aussi ingénieuses que les vingt-quatre de l'alphabet et les sept de la musique, sont la source abondante de la numération. *Dix* est le premier nombre composé.

De la valeur absolue du chiffre nous entrons dans la valeur relative. Auparavant chassons par le procédé ou jeu déjà établi, et qui est l'image des successions des siècles, les figures premières ne formant que des barres, et ne laissons subsister que les nouvelles qui représenteront les exilées, et alors il nous restera ce tableau :

1 2 3 4 5 6 7 8 9.

Formons, comme pour les mots, des magasins. Nous traçons sur neuf carrés de cartes ces neuf figures, sur d'autres les noms des chiffres, et sur de troisièmes les chiffres romains qui sont en usage dans les livres, et dont auparavant nous avons formé le tableau correlatif suivant :

| 1 | 2 | 3 | 4 | 5 | 6 | 7 | 8 | 9. |
|---|---|---|---|---|---|---|---|---|
| un | deux | trois | quatre | cinq | six | sept | huit | neuf. |
| I | II | III | IV | V | VI | VII | VIII | IX. |

La simple vue a dû se familiariser à ces figures dont la valeur est dans la mémoire, et où l'esprit ne trouve aucun aliment.

*Dix* est la première valeur relative. Ici commence le raisonnement numérique.

Il faut deux chiffres pour exprimer *dix* : un 1 et un 0. Comme tout doit passer par les yeux (1) dans le Sourd-Muet, rendons-lui la démonstration du premier nombre composé palpable. Appliquons d'après nos principes la chose à l'action. Ouvrant les neuf doigts, nous aurons neuf points. Laissons l'*auricularis* d'une des deux mains replié ; la forme de ce doigt nous représentera la fonction du zéro. Pour cela formons la figure par neuf points, désignant les neuf doigts ouverts et le crochet au bout :

EXEMPLE :

. . . . . . . . . 0.

Redressons ces points, et laissons toujours le crochet, nous aurons cette figure : ⋮ 0.

Resserrons ces neuf points et formons-en une ligne, nous avons alors dans cette figure la

---

(1) C'est par les yeux qu'il écoute, qu'il entend et qu'il s'exprime. On y voit une curiosité habituelle et constante, et l'on y découvre avec facilité ses idées, ses sensations et tous les sentimens de son ame.

*Adèle et Théodore*, tome 3. lettre xxxiv.

représentation des neuf unités, devenues 10 par l'adjonction de la seconde permanente et décuplante.

Cette manière de donner au nombre dix la valeur relative qu'il renferme, a été plus facilement saisie qu'il ne m'est aisé de la bien détailler. Comme c'est souvent la faute de l'écrivain lorsque le lecteur ne comprend pas, j'offre aux amis des Sourds-Muets les démonstrations que je cherche à pouvoir expliquer clairement.

Il n'y a pas une exactitude rigoureuse dans cette manière d'enseigner; mais ne perdons pas de vue l'élève auquel nous donnons ces leçons.

Alors les dix doigts ouverts ont été :

IIIIIIIII

10

dix

X

Par le développement de la valeur décuple donnée à la figure 1 précédant le o, ou pour mieux dire formant ensemble le nombre collectif, il y a eu un grand pas de fait. Passons au second : il faut exprimer *onze*.

A celui qui entend on dit que le chiffre 1 suivi d'un pareil fait onze, parce que le premier étant pour ainsi dire elliptique, renferme dix unités : mais au Sourd - Muet il faut autre chose que le raisonnement : il faut avec lui composer et décomposer ;

décomposer ; c'est une espèce de chimie que nous pratiquons.

Formons le nombre *dix* --- 10, ajoutons-y le chiffre *un* --- 1, nous aurons 101 ; mais cette figure est *cent un*. Alors supprimons le zéro, comme nous avons eu fait tant de fois pour des mots où il y avoit primitivement plus de lettres qu'il n'y en a actuellement : il nous restera 1 et 1, le zéro supprimé s'identifiant dans l'esprit avec le premier *un* qui représente le 10, auquel ajoutant *un* nous avons *dix un* ou *onze*, et ainsi de suite :

dix-un dix-deux dix-trois dix-quatre dix-cinq dix-six dix-sept.
onze douze treize quatorze quinze seize

Bien-tôt les noms de dessus chassés par ceux de dessous, il ne restera que la nouvelle figure plus joliment habillée. De cette manière nous arrivons à dix-neuf, qui garde avec les deux nombres qui le précèdent leur ancienne tournure.

Ce nombre est à vingt ce que neuf est à dix. Celui-ci est formé de $\genfrac{}{}{0pt}{}{10}{10}$ : de ces deux *un* nous en formons deux $\genfrac{}{}{0pt}{}{1}{1}$ $\}$ 2 ; et au lieu de placer les deux zéros qui centupleroient, nous fondons l'un dans l'autre, et nous avons $\genfrac{}{}{0pt}{}{dix\ dix.}{20.}$

Deux fois les mains ouvertes seroient le signe de 20 ou de deux fois dix, comme trois fois ou dix dix dix figurent 30 ; ainsi de suite jusqu'à 90, qui seroit neuf fois les mains ouvertes. Mais pour

I

éviter à la vue cette multiplicité de déploiemens de doigts, qui la fixeroit trop si elle ne lui échappoit, nous avons abrégé ce signe par la représentation même des chiffres.

La figure de deux doigts représentant deux dizaines, et du zéro, a été 20, comme celle de 3, 4, 5, 6, 7, 8, 9, avec zéro a été 30, 40, 50, 60, 70, 80, 90; le nombre cent est figuré comme en chiffre romain par un C, mille par un M.

Je croyois avoir fait cette découverte d'abréger les signes des nombres, et je m'en applaudissois en secret, lorsque le hazard m'ayant procuré la seconde édition de l'ouvrage de l'abbé de *l'Épée*, je ne fus pas peu surpris d'y trouver à la fin du volume, auprès de l'errata, *l'addition faite par l'auteur depuis l'impression, pour la page 29*, et comprenant cette nouvelle manière de figurer les nombres. Je me fais un devoir de publier cette circonstance devenue une leçon pour moi, et que bien des auteurs peuvent s'appliquer. On croit souvent avoir trouvé soi-même ce qui l'a été par d'autres, et parce que l'on a bien cherché, il semble que la découverte doit nous être attribuée. Sachons nous méfier de nous-mêmes! J'ai un autre aveu à faire. Cette partie d'enseignement m'a donné une peine infinie. Presque étranger à la science des calculs, *qu'on oublie aussi promptement* qu'on l'apprend ; ne m'étant guère donné le loisir d'approfondir cette science , il m'a fallu , mon cher *Sicard* , votre approbation à une partie de mes procédés détaillés dans plusieurs de mes lettres , et redressés par votre correspondance ; il m'a fallu l'approbation d'un ami qui ne vient que trop rarement charmer ma retraite , et dont les connoissances, sur-tout en mathématiques , sont aussi grandes que sa modestie, pour oser détailler ce que j'ai fait auprès de mon élève sur cet objet : *pour bien enseigner il faut bien savoir* : aussi ai-je été bien arrêté dans cet enseignement. J'en présente la théorie telle qu'elle m'a réussi , et comme simple aperçu, sans en garantir l'efficacité , ainsi que de tant d'autres points de cette singulière méthode pratiquée auprès de ma chère enfant.

Nous voilà donc en possession des chiffres ; et l'addition ébauchée par l'opération de *dix* et *un* , je passe sous silence la manière dont j'ai enseigné ce qu'on appelle les règles. Ma Sourde-Muette en est à la multiplication. *Peyre* de Nîmes , Sourd-Muet , durant le court séjour qu'il a fait à la Clapière , lui a appris en cinq à six leçons la soustraction et la multiplication ; ce qui revient à l'opinion que j'ai eu énoncée : » *que lorsqu'on* » *sera parvenu à former des Sourds-Muets instituteurs* , » *l'instruction de ces êtres naguères crus si différens de* » *nous, sera aussi aisée que la nôtre* ». Il est réservé à notre siècle de voir une pareille régénération.

La division numérique de la monnoie a été pratiquée de la manière suivante. Prenant un morceau de pâte j'en ai formé la rondeur du sou : j'ai coupé en quatre parties cette pièce, et avec chaque morceau j'ai figuré la rondeur des quatre liards, ou avec la moitié celle d'un demi-sou. Deux fois un demi-sou, ou quatre quarts de sou, manipulés ainsi, ont établi la valeur de ce signe monétaire. Douze fois ce sou ont égalé la pièce blanche; comme celle de 15, de 20, de 24, de 30 a été comparée avec ses parties. Les 20 sous ont formé la livre, dont le signe a été la figure $\mathcal{H}$ ou la lettre $\mathcal{L}$. Trois fois ce signe a valu le petit écu, qui a été à celui de six livres ce que le demi-sou est au sou, *etc.*

Je sens combien ces détails paroîtront minutieux à certaines personnes : ce n'est pas pour elles que je les donne. Il faut tout dire dans la partie didactique.

Le nombre cardinal nous a conduit à l'ordinal. Rendons toujours notre élève acteur, et jonchons de fleurs la carrière qu'il doit parcourir, Je le répète, la fonction d'un instituteur quelconque est d'applanir la voie : que l'amusement préside à nos exercices. Sur leur nombre, je me borne à deux.

J'ai eu dix chaises. J'ai tracé sur la traverse la

plus élevée du dossier de chacune un chiffre, depuis 1 jusqu'à 10. J'ai demandé combien il y avoit de chaises, avant de les mettre en ordre; la Sourde-Muette a compté avec ses doigts, et elle a répondu dix. J'ai fait asseoir dix personnes et j'ai demandé, par exemple, *sur quelle chaise est assise ta maman*? L'élève a regardé le numéro de la chaise; elle a répondu : *maman est assise sur la chaise 9*. Alors plaçant les chaises par ordre, depuis la première jusqu'à la dixième, j'ai écrit sous le chiffre 1 son nom ordinal *unier*, exemple : $\frac{1}{unier}$, sous le 2 *deuxième*. La Sourde-Muette a ajouté un *e* après *unier*, parce que chaise est féminin. Sous les mots *unière*, *deuxième*, j'ai écrit *première*, *seconde* : nous avons chassé les premiers comme tombés en désuétude; et alors chaque chaise ayant son nom d'ordre, j'ai formé le tableau suivant : *Premier*, *second*, *troisième*, etc. et aux demandes que je lui ai faites elle a appliqué le nombre ordinal.

Un autre exercice à peu près semblable avec des personnes que je faisois changer de place, et qu'elle rangeoit ensuite par le numéro tracé dans une main ou sur le chapeau, lui a rendu cette connoissance familière. L'opposé au *premier* a été le *dernier*; et les mots *simple*, *double*, *triple*, *etc.* ont été formés par des comparaisons palpables.

L'abréviation a été l'effet du tableau suivant :

1<sup>er</sup>.    2<sup>d</sup>.    3<sup>me</sup>.

Premier, second, troisième, *etc.*

*deuxième*

Les relevés de tous ces tableaux forment son *vade mecum* qu'elle consulte au besoin, en attendant qu'ils soient invariablement placés dans le grand magasin de la mémoire, qu'il faut meubler avec précaution. A ce sujet j'ai pour moi l'expérience faite auprès de mon élève. Gardons-nous de forcer cette faculté de l'esprit, sur-tout chez les Sourds-Muets : ne faisons pas de petits prodiges de douze ans, qui à vingt sont des automates : laissons digérer à l'esprit, et ne brusquons pas l'entendement. Je ne saurois assez répéter un pareil avis.

# TABLEAUX ANALYTIQUES

## DES

## PARTIES D'ORAISON.

L'ANALYSE, comme je l'ai dit, a été mon guide; aussi je pense que c'est faute d'avoir employé la méthode analytique dans l'instruction des hommes, qu'il y en a si peu qui sachent bien. Le Sourd-Muet aura cet avantage que ce qu'il apprendra il le saura bien, parce qu'on le lui aura bien enseigné. Il en est de la plupart des hommes pour les sciences, comme d'un voyageur qui ne s'arrête pas : il a beaucoup vu ; mais a-t-il bien vu ? Si je parcours les différentes parties d'une maison, je connois cet édifice : si au contraire je ne fais que le regarder en masse, j'en ignore les distributions. Ainsi toujours appuyé sur le bâton de l'analyse, et cette règle sans cesse présente à mon esprit, de passer du connu à l'inconnu, j'ai classé par ordre les connoissances que je transmettois à mon élève. Je ne m'écarte pas de cette méthode du *simple au composé* : plusieur fleurs forment un bouquet ; le tout est subdivisé en parties. Pour cela formant le tableau suivant :

Cheveux,
Front,
Sourcils,
Yeux,
Cils,
Nez,
Joue,           TÊTE.
Oreilles,
Lèvres,
Dents,
Langue,
Bouche,
Menton,

j'ai réuni toutes ces parties par une accolade, le mot *tête* en a été le résultat. J'ai cru, à votre imitation, qu'on ne pouvoit de trop bonne heure mettre de liaison dans l'entendement de ma Sourde-Muette ; c'est cet ordre d'idées qui forme le jugement sain.

## DES GENRES.

Les êtres de la nature sont divisés en deux genres ; les noms ont pris leur sexe sur le mâle et sur la femelle. A mesure que je lui ai enseigné un mot, il a fallu lui en faire connoître le genre : il n'y a pas de règles pour qu'un mot soit masculin ou féminin. Mais ce qui m'a frappé a été la préférence que donnoit toujours mon élève à ceux de son sexe, sur les autres qu'elle livroit aux mâles ; et cela me rappelle la note ( 1 ) de ce philosophe : » il seroit curieux, dit-il dans son » consolant ouvrage, de rechercher si les noms » masculins ont été donnés par les femmes, et les » les noms féminins par les hommes, aux choses » servant plus particulièrement aux usages de » chaque sexe.

## DES NOMBRES.

Autre remarque. Une seule chose est au singulier, et plusieurs au pluriel : noms formés de leur

---

( 1 ) *Bernardin de St. Pierre* , études de la nature.

propre

propre nature. Avec un *s* ou un *x* de plus, on détermine le pluriel. Cette lettre elliptique n'en comporte pas d'autres pour le masculin; mais pour un Sourd-Muet tout doit être conséquent : aussi dans deux mots finissant l'un par *s*, comme *sens*, et l'autre par *x*, comme *doux* au singulier, ma fille ajouta au premier un *s* de plus, et à l'autre un *x* au pluriel. Et de même pour le genre, comme un *e* après l'article *un* désigne le féminin, à son pluriel *des* elle ajouta un *e*, croyant par-là désigner le même genre à ce nombre, comme cette lettre le marquoit au singulier.

## DES ARTICLES.

Des genres et des nombres passons aux articles. J'admets *ce* dans cette classe, et comme vous je reconnois qu'*un* est énonciatif, *le* indicatif, *ce* démonstratif. Mes procédés sont trop longs pour cet abrégé : celui que j'ai employé pour l'apostrophe ne l'est pas moins. Ils seront détaillés dans le grand ouvrage, qui verra le jour si cet essai est accueilli.

## DES ADJECTIFS.

Venons à l'adjectif. Afin de faire parvenir à l'entendement du Sourd-Muet, il faut bien montrer à ses yeux. Il faut que pour lui tout soit pour ainsi dire palpable.

Si les idées nous adviennent par les sens, ce qui est incontestable; pour les avoir justes, ils

K

doivent être frappés sensiblement, afin de pouvoir bien comparer. Nous ne jugeons (1) que par analogie : elle est souvent en quelque sorte à l'observation, ce qu'est un télescope à l'œil.

La mémoire de mon élève meublée de plus de deux cents noms divisés en masculins et féminins, il a fallu donner à ces noms des habits, des qualités, des attributs (2); ajouter pour cela. Ayant étendu mon mouchoir sur une table, j'en ai mesuré les quatre parties latérales; j'ai tracé sur la planche noire ou sur le papier un carré [carré], et ai écrit le nom *carré* au milieu de la figure. J'ai mesuré mon habit : relativement à une petite veste du frère de la Sourde-Muette, il est long. J'ai tiré une barre et ai écrit *long*. J'ai parcouru la forme de mon chapeau, ai formé un ○, et ai écrit *rond* : par contraste de long, j'ai figuré la petite veste, et ai écrit *court* : par contraste de rond du chapeau j'en ai désigné un pointu, ou bien un soulier pointu ➤. Alors les figures rangées dans cet ordre :

carré [ ]
long ▬▬▬▬
court ▬▬▬
rond ○
pointu ➤

---

(1) *Condillac.*

(2) D'*adjectus*, ajouté, a été formé le mot adjectif, qu'on ajoute au substantif.

j'ai demandé à mon élève ce qui étoit carré, cherchant des yeux sans les arrêter sur l'objet qui avoit cette forme. Elle a trouvé la ressemblance, et je lui ai fait écrire à côté de la figure son nom reconnu. J'en ai agi de même pour les autres formes, tantôt lui effaçant le nom et ne laissant que la forme, (voyez n°. 1), ou bien la forme et ne laissant que le nom (voyez n°. 2); faisant ensuite un tableau des noms, et tirant une ligne qui devoit bientôt avoir son emploi de liaison, je lui faisois écrire au bout la qualité (voyez n°.3); ou écrivant un tableau des qualités (voyez n°. 4), je lui faisois garnir les correspondans par des sujets :

EXEMPLE:

| N°. 1. | N°. 2. | N°. 3. |
|---|---|---|
| | carré. | lampe -------- carrée. |
| | pointu. | soulier -------- pointu. |
| | long. | habit -------- long. |
| | court. | habit -------- court. |
| | rond. | chapeau -------- rond. |

N°. 4.

carrée -------- lampe.

pointu -------- soulier.

long -------- habit.

court -------- habit.

rond -------- chapeau.

J'avois soin de lui demander, par exemple ; si le chapeau étoit pointu, ou le soulier rond ou carré : *le négatif conduit à l'affirmatif*. Je faisois adopter à chaque qualité le genre de son sujet.

Un autre procédé pour les adjectifs a été de lui présenter des cartes blanches ; chacune étoit corporellement carte ; mais y ajoutant une couleur, la carte étoit devenue rouge, blanche, noire, etc. Tous ces exercices ont été faits sans paroître préparés ; la plupart en effet ne sont dus qu'au hazard, *il est le premier maître des actions humaines.* Ce n'est que par des contrastes, que j'ai enseigné les qualités ; par exemple, de blanc à noir, de grand à petit, etc.; persuadé que c'est le meilleur moyen de classer les objets. L'harmonie de la nature n'est produite que par des contrastes. Le jour n'est beau que comparativement à la nuit.

## DU VERBE ÊTRE
### ET DE LA CONJONCTION ET.

De la connoissance du substantif *substare*, et de l'adjectif *adjectus*, j'ai passé au mot *lien* qui les joint. Le verbe *être*, à sa troisième personne du singulier du présent de l'indicatif, a été pendant long-temps le seul mot verbe (1) qu'elle a pratiqué :

---

(1) Voyez dans ma lettre insérée dans la *Feuille Villageoise*, n°. 2 de la seconde semaine de septembre 1791, les procédés à ce sujet.

son pluriel *sont* est venu après. J'observe à ce sujet que ma Muette ignore entièrement les noms donnés aux différentes parties du discours ( 1 ). Combien de personnes, sur-tout les femmes, dans la bouche de qui les noms prennent un aussi agréable coloris, et que leurs plumes arrangent si joliment, ignorent ce que c'est que *substantif*, *adjectif*, *verbe*, *adverbe*, *préposition*, etc. A quoi sert cette connoissance, à moins de vouloir être grammairien ? Pourquoi surcharger la mémoire ( 2 ) de ces objets, sur-tout celle du Sourd-Muet qui, ne pouvant suffire à un petit poids, finiroit par être affaissée ? Il peut savoir les parties de la syntaxe et en ignorer les noms, encore incertains, par l'effet des systêmes didactiques.

Nous voilà donc à la phrase simple ; par exemple : *le chapeau est rond*. Mais cette phrase énonciative va s'étendre : ce chapeau peut être noir et blanc, bleu et gris, etc. Au lieu de répéter deux fois, trois fois le *chapeau est*, suivant les qualités qu'il a, on emploie un nom qui,

---

( 1 ) Je suis bien fâché de me trouver en contradiction sur ce point avec mon maître : j'ai cru que c'étoit du temps perdu, et auprès d'un Sourd-Muet il est bien précieux.

( 2 ) Cette faculté de l'esprit est bien paresseuse dans certains Sourds-Muets, comme dans ceux qui ne le sont pas : elle est aussi quelquefois trés-laborieuse. Dans le premier cas il ne faut pas la négliger, comme dans le second la faire trop travailler. Ce sont deux écueils également dangereux.

formant une phrase elliptique, va tenir la place, des sujets sous-entendus; c'est la conjonction copulative *et*. Cette conjonction n'est qu'avant les dernières qualités, les autres étant unies par une virgule;

EXEMPLE:

*Le domino est blanc.*
*Le domino est noir.*

Pourquoi deux fois *le domino est*? Le second *est* semblable au premier; je dis à mon élève que jadis on laissoit les deux mots *domino* en entier; qu'ensuite on supprima le second *domino*; qu'il n'y eut alors que *le domino est blanc, est noir*. Mais pourquoi ce second *est* semblable au premier? On a jugé à propos, pour les distinguer, de supprimer le *s*, et il ne reste que *et*. Cette subtilité de rapporter ces manières de s'énoncer au temps passé me sert journellement. Je jette sur la manière ancienne de s'exprimer une espèce de mépris, et cela parce qu'il faut rendre compte au Sourd-Muet des motifs de changement, les opérer devant ses yeux, et lui faire goûter la manière la plus claire dont on se sert. Il faut qu'il voie les mutations, suppressions ou augmentations des lettres dans cette partie analytique. C'est ainsi, par exemple, que pour le mot *aujourd'hui*, on écrivoit autrefois *à le jour de hui* : le mot *trinité* est formé de *trois unités*,

Combien de mots qu'il faut avec lui habiller à la moderne ?

Il ne faut jamais que le Sourd-Muet doute de la science de son maître : celui-ci se trompât-il, il vaut mieux rectifier l'erreur dans un autre moment, que de rester court auprès de cet enfant de la nature, que l'on menne par la main dans les chemins tortueux de la sociabilité. Un Sourd-Muet qui douteroit des connoissances de son instituteur, n'auroit bien-tôt plus de confiance en lui, et c'est par cette foi aveugle de l'élève que son maître le conduit par-tout où il veut ( 1 ). Le foible est d'ailleurs très-méfiant.

Les noms sont des tableaux pour les Sourds-Muets : une lettre transmutée détruit le mot pour celui qui entend, parce qu'il a en lui l'idée des sons attachés au mot ; au lieu que le premier n'a que les yeux pour guide, et ils sont bien fautifs. La mémoire seule doit donc faire tous les frais pour les tableaux d'un mot ; et cette faculté de l'esprit est bien mise à contribution chez ces êtres. Réflexion qui vient à l'appui de ce que j'ai dit, qu'il faut s'en rendre avare, ne devant être

_____

( 1 ) J'ai été témoin à l'école de Paris de ce que peut la confiance d'un Sourd-Muet pour son maître. Il en est de même, je pense, des enfans qui parlent : c'est pour cela que l'instituteur, quel qu'il soit , doit commencer par inspirer ce sentiment. Je le fais journellement auprès de ma fille.

que trop occupée dans l'indispensable distribution des connoissances à transmettre à l'entendement du Sourd-Muet. Je reviendrai sur cette partie si mal cultivée, ou pour mieux dire si mal dirigée, dans l'institution des hommes.

Passons à d'autres articles.

## DES PRÉPOSITIONS, PRONOMS, etc.

Les prépositions sont en grand nombre dans la langue française : *à* , *de* , *sur*, *dans* , *avec* , *avant*, *après* , *etc.* Les procédés ont varié pour chacune d'elles : Nous avons été conduits aux particules. *Au*, *du*, sont formées par contraction, la première de la préposition *à* et de l'article indicatif *le* ; exemple : *à le* ⟩ *au*.

La seconde de la préposition *de* et du même article *de le* ⟩ *du*.

Les pluriels sont *aux* et *des*. Je passe sous silence, par défaut d'espace, ce que j'ai fait sur ces différens sujets, ainsi que la manière dont j'ai enseigné les *adverbes*, les noms propres des *arbres*, ceux des *astres*, la division de la nature en ses trois grands règnes; celle du temps en secondes, minutes, heures, semaines, mois, années, siècles; les années sectionnées en quatre saisons, l'une un peu chaude, le *printems*; l'autre chaude, l'*été*; la troisième un peu froide, l'*automne*, et la quatrième froide, l'*hiver*. Je me tais dans cet

opuscule

opuscule sur un nombre infini d'autres parties (1), comme les mots composés *parasol*, *tire-bouchon*, etc. pour vous dire quelque chose des pronoms ; d'abord des personnels, ainsi dénommés de *pro* à la place, *nomen* du nom, parce qu'ils représentent les personnes.

J'écris trois noms : *Rey-papa*, la *Sourde-Muette*, *Rey-frère*; tournant l'index vers mon estomac pour le premier nom, je pousse la main avec la forme du *t* (2) vers la Sourde-Muette pour le second, et pour la troisième personne qui se tient éloignée à côté de nous, je jette la main avec la forme de l'*i*. J'efface *Rey-papa*, et je substitue *je* ; la *Sourde-Muette*, et j'écris *tu*; *Rey-frère*, et je place *il*. Je fais des exercices applicables : c'est le prélude des conjugaisons. Mais *je* devient *tu*, lorsque c'est elle qui agit ; *il* devient *je*, lorsque son frère prend sa place, et le *vice versâ*.

Ce n'a été qu'à force d'épreuves que je suis

---

(1) Le défaut d'espace me fait renvoyer tous ces objets, ainsi que tant d'autres, au grand ouvrage, où je ferai ensorte de ne rien laisser à désirer.

(2) Pour l'intelligence de bien des articles, et sur-tout de celui-ci, il faudroit avoir sous les yeux les figures des lettres à l'usage des Sourds-Muets. Cet ouvrage est trop abrégé pour faire graver un pareil alphabet. Les personnes qui désireroient en avoir connoissance le trouveroient dans l'ouvrage de l'abbé *Deschamps*, cité plus haut, et dans celui que mon maître vient de publier, chez *Leclère*, libraire, quai des augustins, n°. 39, au coin de la rue pavée, sous le titre de *Cours d'instruction d'un Sourd-Muet de naissance*.

L

parvenu à redresser ces changemens locaux. Les procédés ont été sans nombre, pour bien établir ce fondement des actions. *Nous*, *vous*, *ils*, ont suivi le singulier; en voici le tableau:

| Je, Rey-papa, | | | Je non, | | | Je non, | | |
|---|---|---|---|---|---|---|---|---|
| tu, Sourde-Muette, | | | tu, | | | tu non, | | |
| il, Rey-frère, | | nous | il, | | vous. | il, | | ils. |
| il, | | | il, | | | il, | | |
| elle, | | | elle, | | | elle, | | |
| il, | | | il, | | | il, | | |

*Nous* renferme les *je*, *tu*, *il* : *vous* en exclut le *je* : *il* en chasse les *je* et *tu*. Je tâche d'être clair autant que le sujet le comporte. Voyons les autres pronoms personnels.

Les pronoms personnels *moi* et *me* sont une suite des premiers : *moi* est le parfait synonyme de *je* et de *me* ; mais le *me* est le régime ou l'*objet*, au lieu que le *je* n'en est que le sujet : *me* veut quelquefois exprimer à *moi*, comme *lui* est l'ellipse de à *il* dont le pluriel est *eux*, *leurs*. Avec *moi* et *me* nous voilà conduits aux adjectifs pronominaux possesifs, *mon*, *ton*, *son*, qui au féminin font *ma*, *ta*, *sa*, et au pluriel *nos*, *vos*, *leurs*, au masculin comme au féminin. Ils sont les frères des pronoms personnels. Je rangerai ceci par ordre, afin de pouvoir me suivre, quoique ce ne soit point celui des leçons données, l'occasion seule les ayant fait naître : ce n'est qu'à présent que je classe ces parties diversifiées. Je ne dois

pas omettre que les jeunes enfans disent *de je*
ou *de me*, avant de connoître *mon* : c'est le langage
naturel que nos institutions ont voulu réformer.
En voici le tableau :

| De je moi me | } | mon | ma | mes | } | De nous | } | nos. |
| De tu toi te | } | ton | ta | tes | } | De vous | } | vos. |
| De il elle le | } | son | sa | ses | } | De ils | } | leurs. |
| se soi | | | | | | | | |

Pour appliquer la chose à l'action, et c'est à quoi
se réduit l'art d'instruire les Sourds-Muets, je prends
un chapeau, et demande de qui est ce chapeau ?
R. *ce chapeau est de tu*. J'écris *chapeau de moi*,
en faisant ce dernier signe. Je place *mon* au lieu
de *moi*, ayant recours à l'artifice employé plus
haut pour les mots anciens.

On écrivoit autrefois, lui dis-je, le chapeau
de *moi*, et à présent on écrit *mon* ; mais avec
transposition, de derrière il est placé devant.

Cette mutation a été facilement saisie, et
l'application pour tous les autres adjectifs pronominaux en tout genre très-heureuse. Une conséquence
menne à l'autre. Le tableau est donc formé à
mesure que j'en enseigne les parties ; les anciens
noms de *je*, *moi*, *me*, reçoivent les nouveaux à
leur côté, et prennent la colonne ancienne ; nous
la jetons derrière nous, l'image du passé, pour ne
nous servir que de la nouvelle. De ces pronoms, je
forme *mien*, *tien*, *sien*, avec l'article, *le*, *la*, *les* :

E X E M P L E:

| le mon | mien | la ma | mienne |
|--------|------|-------|--------|
| le ton | tien | la ta | tienne | etc.
| le son | sien | la sa | sienne |

Outre les articles *le*, *la*, *les*, il y a les pronoms adjectifs et relatifs de la même figure, ces noms elliptiques sont d'un grand secours pour abréger. Des procédés heureux m'ont fait appliquer d'une manière palpable la chose à l'objet; exemple : *maman me donne un morceau de sucre*, *je mange le morceau de sucre*. Pourquoi deux fois *morceau de sucre* ? effacez ces trois derniers mots, que nous venons de supprimer par un changement semblable à celui de *me*, dont nous avons formé *mon*. Je prends ce *le* et le place devant mange : alors j'ai *maman me donne un morceau de sucre*, *je* le *mange*. Je demande si ce *le* avant le verbe n'y aüroit pas été placé, parce que la chose est dans l'esprit avant l'action de manger ?

Depuis long-temps on cherche à découvrir la filiation des idées. Les Sourds-Muets nous condui-ront à ce que n'ont pu trouver tant de savants. Ce petit cadre ne me permet pas de placer toutes les observations faites avec cet enfant de la nature, sur-tout celles qui ont trait à l'entendement humain. Le temps n'est pas encore venu de publier ces fruits de mes méditations journalières.

Suivons l'ordre grammatical, quoique d'autres

parties apprises toujours par l'effet des circonstances auxquelles sont subordonnées les actions humaines, y soient intercalées.

Que les grammairiens placent *ce*, *cette*, *ces*, parmi les pronoms, je les ai mis d'après votre judicieux procédé au nombre des articles, comme il a été dit plus haut. Pour le Sourd-Muet c'est assurément la même chose, d'après mon système de ne lui pas enseigner les noms arabes de la syntaxe. Ainsi pour les articles pronominaux, *celui*, *celle*, *celui-ci*, *celle-ci*, *celui-là*, *celle-là*, c'est comme s'il y avoit *ce-il-ici*, *ce-elle-ici*, *ce-il-là*, *ce-elle-là*, etc. Aisément on forme par retranchement certains mots, comme par adjonction on en établit d'autres, dans cette instruction. C'est une espèce de fabrique ou pour mieux dire un laboratoire de chimie grammaticale. Je ne fais qu'effleurer la matière, pour cause connue et si souvent répétée.

## DES DIFFÉRENS QUE.

Notre langue en emploie sept :

1. L'interrogatif : ---- *Que voulez-vous?*
2. Le relatif : ---- *Celle que j'aime.*
3. Le conjonctif : ---- *je desire que vous veniez.*
4. Le comparatif : d'infériorité, de supériorité, *Je suis plus petit que lui. Je suis plus grand qu'elle.*

5. Le comparatif: } *Tu es aussi grand que ton* 
   d'égalité, }          *frère.*

6. L'exclusif: ---- *je ne demande que le repos.*
          ne -------- que = *seulement.*

7. L'admiratif: ---- *Grand Dieu, que tes œuvres*
                               *sont belles !*

Les procédés sont trop longs et trop liés entre eux pour vous les détailler. Des exercices de comparaison en sont la base ; mais il est une circonstance que je ne dois pas omettre dans les *que* comparatifs d'égalité , de supériorité et d'infériorité.

Après avoir surmonté mille obstacles, pour établir dans l'entendement de mon élève cette connoissance, j'ai donné la juste place et valeur au mot *aussi* dans le *que* comparatif d'égalité ;

### EXEMPLE:

*Je suis aussi grand que Pierre*, ce que j'ai démontré de cette manière: *Je suis* ⌐*grand* ⌐ *Pierre est grand*,
              *aussi*       ⋮ ... .. ‿ *que* ‿

remplissant le premier intervalle par *aussi* , et le second par *que* , ce *que* remplaçant le *est grand* ; et de même pour le *que* comparatif de supériorité , formant ce tableau :

Tu es *grande* grande : ton frère *est grand.*
     |              ⋮ ... .. ;; .. .. ‿ *que* ‿
    *plus*

J'ai changé le premier *grand* par *plus*, ce qui est le second degré d'une qualité, comme vous le vérrez ci-après, et le *est grand* par *que* ( voyez plus haut ), mot elliptique qui représente cette partie de phrase.

Prenant alors ce *que*, je le place devant le mot précédent, et au lieu d'avoir cette première phrase : *tu es grande grande*, *ton frère est grand*, j'ai celle-ci : *tu es plus grande que ton frère est grand* ; et enfin par la dernière mutation j'ai la phrase telle qu'il a plu de la façonner : *tu es plus grande que ton frère.*

Il m'a fallu bien des exercices pour établir cette idée ; je croyois même l'avoir assurée, lorsqu'un obstacle inattendu m'a prouvé que dans cette institution on n'a souvent que les apparences trompeuses de la réussite.

Après avoir établi avec ma Muette les signes caractéristiques, m'être bien assuré de la juste idée qu'elle avoit de ces *que*, formant le premier avec *aussi* et le second avec *plus*, comme les deux ( 1 ) bassins d'une balance, je me suis trouvé arrêté tout à coup en voulant faire changer de place aux acteurs. Si je suis *aussi grand que Pierre*, *Pierre est aussi grand que moi.* Eh bien, cette idée si simple en elle-même est devenue très-compliquée pour ma pauvre enfant. Que d'épreuves n'a-t-il pas fallu employer encore ! Mais la seconde

---

(1) Aussi grand que Pierre, ·—— plus grande que ton frère.

phrase combien n'a-t-elle pas présenté de louche dans son esprit peu exercé! Je verse encore des larmes d'amertume lorsque je pense aux difficultés nouvelles qui se présentèrent, et le pénible de mon cœur, naguères réjoui de l'acquisition que j'avois procurée se trouvant presque affaissé par le désagrément d'un pareil contre-temps. *La Muette est plus grande que son frère* : qui est plus petit? C'est le frère. *Il est donc plus petit que la Muette*?

Ces mutations des mots laissant toujours la même idée, ont été une montagne à franchir pour mon enfant. Le sens de cette phrase, d'une évidence visible pour ceux qui entendent, a *paru* bouleversé pour ma Sourde-Muette. Cet élève peu accoutumé à lier les idées, ce qui est raisonner si je ne me trompe, et ne voyant que des yeux corporels, ceux de l'entendement s'ouvrant à peine à la lumière, a eu peine à concevoir d'abord ces changemens. Le tableau ayant varié pour sa vue corporelle, la spirituelle a dû se familiariser avec ce nouveau dessin.

Il m'a fallu employer des applications sensibles, les renouveler, les répéter souvent. Je ne finirois pas si je voulois les énumérer : je vous enverrois de même le volume que je présenterai un jour, si je détaillois les autres circonstances de cette singulière institution. Je vais seulement vous donner le détail de trois ou quatre autres procédés, et

terminer

terminer ce travail, qui est plus long que ne
comporte une lettre, par ma découverte des signes
pasigraphiques pour les conjugaisons.

## TRÈS ET TROP.

La particule *très* sert à marquer l'excellence
d'une qualité; *trop*, adverbe de quantité, exprime
plus qu'il ne faut. L'un et l'autre ont rang avant un
adjectif ou un adverbe : je demande pourquoi *très*
est-il praticule et *trop* adverbe?

Les adjectifs sont $1^{o}$. au positif ; $2^{o}$. au
comparatif; $3^{o}$. au superlatif, *(superlatus)*, porté
au-dessus ; $4^{o}$. à l'excessif.

Une qualité est posée, je la compare *(parare
cum )* avec une autre, j'établis le deuxième degré
qui est *plus*; je la porte au-dessus de ce degré, elle
est au superlatif ou au troisième degré qui est
*très*, composé du mot *trois*; vient enfin l'excès
de la qualité ou le quatrième degré, c'est le
*trop*, composé de la dernière partie du mot
qua*tre*. Pour enseigner ces quatre degrés d'une
qualité , je prends pour exemple les adjectifs
grand et son opposé : je forme quatre hommes qui
sont placés ainsi :

M

j'écris sur la tête de chacun les chiffres 1, 2,
3, 4 : je forme quatre femmes petites que je
place ainsi :

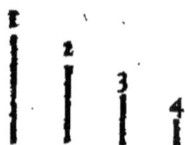

i i i i

L'application sur huit individus seroit encore
meilleure ; mais leurs représentations m'a suffi. Je
fais remarquer les degrés de grandeur des premiers
et ceux de petitesse des derniers. Je fais écrire : *le
premier homme est grand*, *le second homme est grand
grand* : j'efface le premier *grand*, auquel je substitue
*plus* ; le troisième homme est *grand grand grand*,
ou *très-grand* : jadis on écrivoit *trois* à présent
*très*, pour le distinguer du nombre cardinal. Le
quatrième est *quatre grand* : j'efface *qua*, il reste
*tre*, dont je forme *trop* : voilà le quatrième degré
de la qualité, dont le signe est une élévation,
avec mécontentement et inquiétude de cette
grandeur. J'applique ce procédé à l'adjectif *petit*, et
à ceux que j'ose appeler moraux ou métaphysiques,
comme *sensible*, *bon*, *sage*, etc.

Il est de mes procédés qui pourroient être
accusés d'une certaine originalité. Il y auroit, par
exemple, bien à dire sur celui-ci : *trop* n'est guère
qu'un comparatif ; mais ce n'est pas ici le lieu
de traiter la chose. Ce ne sont pas non plus des

règles que je donne, mais seulément un rapport fidelle de ce que j'ai fait auprès de mon élève, aux progrès de laquelle on veut bien applaudir journellement. Je présente la manière dont j'ai opéré. Je ne dis pas *faites*, ou ce qui seroit pis, *ne faites que comme cela*; mais bien, *voilà ce que j'ai fait*. On peut prendre cette route ou une autre, je ne m'érige pas en régulateur; je ne suis que l'historien de mes procédés : ils m'ont réussi, et ce sont mes meilleurs titres.

## DEPUIS, JUSQUES, PENDANT.

*Depuis*, préposition de temps, de lieu et d'ordre, est le commencement; et *jusques*, autre préposition, est le terme. *Pendant* est aussi une préposition qui marque la durée; elle renferme le *depuis* et le *jusques* : le temps ou l'espace qui est entre *depuis* et *jusques* est le *pendant* de ces deux prépositions; exemple : *depuis* deux heures *jusqu'à* trois; l'espace de deux heures jusqu'à trois est le *pendant* de ce temps; c'est le siphon qui fait passer la liqueur d'un vase dans un autre. La connoissance du cadran solaire ou de la montre a précédé la théorie de ces trois prépositions si liées entre elles. Ma Sourde-Muette commençoit de faire une exemple à deux heures, elle l'a finie à quatre heures. Je forme deux lignes courbes de 2 à 3 et et de 3 à 4, ou bien une seule de 2 à 4. Le commencement du parcours est le *depuis* ; la fin est le *jusques*, l'espace entre deux est le *pendant*. Je décompose ce mot en faisant pendre à un cordon deux objets : *l'un est depuis, l'autre est jusques*, le signe de *pendant* ou *est pend*. Aujourd'hui *pendant* sera donc l'action de pendre comme si l'on tenoit une balance : les deux bassins sont le *depuis* et le *jusques*, le fléau de la balance est le *pendant*, les deux bassins *pendant* ou étant pendus à ce fléau.

Encore un autre petit procédé.

## ENTRE, PARMI, MILIEU.

La préposition *entre* est formée du verbe *entrer*, et en effet on est entré lorsqu'on se trouve dans la position d'avoir devant ou derrière, d'un côté ou d'autre, des objets ou des personnes. Je forme deux barres ; exemple : | *entrer* : | j'écris *entrer* dans l'intervalle, j'efface le *r* : alors je place une chaise, un peu plus loin une table, dans l'intervalle je pose un livre. Je demande *où est le livre* ? la réponse est : *entre la chaise et la table*. Cette préposition ne doit s'employer que lorsqu'il y a deux ou plusieurs objets distincts ; mais à plusieurs non-distincts est un autre mot, *permulta, parmi*. Je mets nombre de livres sur une table, j'y place une porcelaine dans le nombre : où est la porcelaine ? Elle n'est pas *entre* les livres, mais *parmi* les livres.

Quoique parmi les livres elle n'est pas au-milieu, c'est-a-dire, à moitié du lieu ; je forme pour cela une table, j'écris les mots *côtés*, parce qu'il n'y a jamais de milieu sans côtés, et ces côtés doivent être à égale distance du demi-lieu, *medius locus*. Le point central est le demi-*lieu* ; j'efface *de* il reste *milieu*, devenu un seul mot comme *midi*, formé de *medius dies*.

## DE L'INTERROGATION.

Vous me demandez le procédé pour l'interrogation ; je l'ai employé bien simplement : en faisant au jeu de *qui t'a frappé* ( 1 ), j'ai trouvé l'action d'interroger. Je fais placer quelqu'un au jeu ; on le frappe, je lui demande *qui t'a frappé?* Interrogeant avec ma tête, et en remuant les yeux, les différentes personnes qui sont au tour du patient ; ce parcours des yeux est le signe d'interrogation ?

*Qui*, *quel* veut dire quelle personne, *que*, *quoi* quelle chose. Mon élève connoît déjà ce qu'est un homme et ce qu'est une chose. Bien-tôt les mots *demande* et *réponse* avec leurs signes caractéristiques sont appris, et la première lettre avec un point en forme l'abrégé ( 2 ).

*Qui* ou *que*, à la tête d'une demande, est

_____

( 1 ) Ce jeu est vulgairement appelé *de la main chaude.*
( 2 ) D. R.

interrogatif; après un substantif il est relatif : ce procédé ne m'a pas donné beaucoup de peine , et journellement j'en fais usage auprès de mon élève.

Avant de passer à la conjugaison je dois vous prévenir que quoique admirateur du procédé des chiffres ( 1 ) pour établir les relations d'une phrase, je ne me suis servi pour certains cas que de lignes correlatives; exemple : D. *Qu'arriva-t-il en ÉGYPTE?* R. *Il Y eut une grande famine.* D. *Combien y a t-il de RÈGNES DANS la nature* , R. *Il Y EN a trois.*

Je me suis borné à ces signes correlatifs , toujours par le principe d'épargner à la mémoire de mon enfant ce qui ne peut que la surcharger. Je termine par les conjugaisons.

# CONJUGAISONS.

V AINEMENT ai-je demandé dans le temps des instructions à ce sujet ; l'ouvrage du respectable abbé de *l'Épée* , dans cette partie miraculeuse, n'offre que peu de ressources. L'instituteur des

_____

( 1 ) *Sicard* réduit à cinq chiffres. les phrases les plus longues: le sujet 1 , l'action ou le verbe 2 , l'objet d'action ou régime 3 , la préposition 4 , son régime 5 ; exemple :

1    2    3    4    5

Je porte le livre sur la table.

Sourdes-Muettes de Paris devoit m'envoyer ses procédés, et je devois les conserver pour mon usage. Il avoit reçu ma parole d'honneur. Celui des Sourds-Muets à Bordeaux m'avoit promis des renseignemens sur cette partie si inculte dans l'art d'instruire ces êtres.

J'attendois avec la plus vive ardeur votre ouvrage, lorsqu'obligé de faire connoître à mon élève cette partie indispensable de notre langue, je me suis vu forcé à inventer moi-même. Ce que j'ai trouvé, et les signes adaptés à mes procédés, je vous les exposerai après les observations préliminaires faites dans ce dédale. Par ces moyens, ma Sourde-Muette a conjugé tous les verbes de notre bizarre langue, rangés en quatre classes par leur terminaisons en *er*, *ir*, *oir*, *re*, ( comme *manger*, *dormir*, *vouloir*, *attendre* ). Je pense qu'à quelques changemens près, ces signes pris dans la nature des actions humaines, à peu près les mêmes par-tout, pourroient être appliqués à beaucoup de langues. Si la chose avoit lieu, quel grand pas vers la langue universelle !

La *polissure* du langage ( passez-moi certains termes ) a suivi celle des mœurs ; aussi l'espace de l'origine d'une langue à sa perfection, si toutefois il en est une seule de perfectionnée, set-il immense. Le philosophe observateur se perd dans cette recherche, c'est une mer orageuse. De-là cette cette grande difficulté pour le Sourd-

Muet, cet enfant de la nature qui, dans toute
sa simplicité originelle, est obligé de sacrifier la
raison à l'usage, et de faire travailler sa mémoire,
faculté qui n'agit souvent qu'au préjudice du
jugement, écueil très-dangereux et si peu reconnu
dans l'instruction des hommes, et sujet d'admi-
ration pour les parens imbécilles, qui croient
leurs enfans des prodiges, parce qu'ils retiennent
bien.

De combien d'anomalies ne fourmille pas notre
langue ! Outre les verbes, dont les différens temps
s'éloignent des temps primitifs ou radicaux, et
que pour cela on appelle si à propos irréguliers,
quel nombre ne s'en présente-t-il pas qui changent
l'ordre physique de leur construction. Je me borne
à un petit nombre ; exemple : *je fais*, *tu fais*, *il
fait*, *nous faisons*, *vous faites* ; pourquoi pas *vous
faisez* ? *ils font* ; pourquoi pas ils *faisont*, en laissant
la première forme de *fais* ? Second exemple : *je
vais*, *tu vas*, *il va* ; *nous allons*, *vous allez*, *ils
vont*. Quelle irrégularité pour la conséquence
physique de celui qui n'entend que par les yeux !
Troisième exemple : *je bois*, *tu bois*, *il boit* ; *nous
buvons* ; et pourquoi pas *boivons* ?

*Autre.* *Je vois*, et au futur, *je verrai.* Les paysans
du côté de Blois ont conservé dans leur jargon
plus de régularité ; ils disent *nous voirons*, *vous
voirez*.

*Autre.*

*Autre.* Nous disons , *vous dites* ; pourquoi né pas prononcer vous *disez* ? Le languedocien est conséquent en ce point. Dans les anciens écrivains on trouve de pareilles expressions ; voyez *Ronzard*, *Rabelais* et *Montaigne*. Il y auroit bien d'autres observations à présenter, mais je me restreins. Sur l'orthographe , par exemple , je me borne à une seule : dans *jeter* pourquoi deux *t* au présent *je jette*, et au futur *je jetterai* ? Tout cela ne sert qu'à embarrasser sur-tout les pauvres Sourds. Muets, avec lesquels, je le répète, on ne pourroit être trop clairs et conséquens.

Dans les actions de la vie il y a trois époques : nous sommes comme *Janus* à deux têtes ; une chose *a été*, *est* et *sera* : il y a donc l'antériorité, l'actualité ou la stantanéité, la postériorité , ou futurition, ou transitive. Telle est la vie de l'homme , à chaque partie de laquelle l'ingénieuse fable avoit attaché une parque ( 1 ). *Lachésis* chantoit le passé, *Clothon* le présent , *Atropos* l'avenir. Chaque grammairien a voulu avoir la gloire de dénominer certains temps ; les innovations sont un champ si vaste pour l'amour propre ! Mais toutes ces dénominations se réduisent à peu près aux mêmes : le passé, ou le parfait, ou le prétérit ; l'imparfait, ou présent passé, ou le présent relatif, sont les mêmes.

---

( 1 ) Voyez les *Lettres sur la mythologie* , par M. *Blackwell,*

N

Je vais leur donner un nom pris indifféremment, et caractéristique autant que je le pourrai.

Si tous les temps se réduisoient aux trois primitifs, la conjugaison seroit aisée à apprendre, parce que le derrière de la personne, la stature et le devant formeroient les trois signes caractéristiques. Mais que de subdivisions ne présentent pas ces trois temps ! Du présent naît le présent passé, ou imparfait ; le passé se subdivise en quatre, et en un plus passé ou plusque-parfait : il y a deux futurs, *etc.*

Malgré ces difficultés, si tous les verbes avoient la même terminaison à ces temps, la chose ne seroit pas encore extrêmement difficile : mais il y a cinq manières ou modes de signifier. 1°. L'infinitif, c'est-à-dire, sans fin ; n'ayant ni nombre ni personne : je place ce mode en tête. 2°. L'indicatif, qui marque une chose existante, ou qu'elle a été, ou qu'elle sera. 3°. Le conditionnel, exprimant qu'une chose seroit ou auroit été *si* ; moyennant une condition. 4°. L'impératif, que je subdivise en rogatif : le premier servant à ordonner *imperare* ; et le second à demander ou à prier *rogare*. 5°. Le subjonctif ou conjonctif, ainsi appelé parce qu'il présuppose un verbe portant un souhait ou un doute.

Mais comment faire entrer dans l'intelligence du Sourd-Muet les différens temps de ces différens modes des différens verbes, classés en quatre ordres ou conjonctions, d'où est dérivé *conjuguer co-jungere,* joindre avec ou ensemble? représentez-vous votre ami se démenant contre les difficultés colossales de la partie la plus compliquée de notre langue; voyez-le avec le seul secours, hélas bien foible! de l'ouvrage incomplet du vertueux inventeur de cette méthode; n'ayant que des notes imparfaites, recueillies à l'école de Paris. Comment sortir de cet embarras? Paternité! c'est ton sentiment qui m'a fait découvrir les issues. Oh! providence infinie, c'est toi qui m'as inspiré, c'est toi qui m'as soutenu dans cette entreprise hardie! reçois le tribut de mon cœur reconnoissant: déjà ma Muette te connoît et t'adore; voilà mon principal but rempli.

Sans parler du seul verbe ( 1 ) qui existe, dont les autres ne sont que des annexes, et que pour cela on dénomine auxiliaire, parce qu'il leur prête son secours, j'ai trouvé qu'à quelques exceptions près les verbes de la même conjugaison ont presque la même finale. Je prends pour exemple le verbe *manger:* la racine étant *mang,* avec un *e* je forme *mange,* avec un *s mangés,* avec *ons*

---

( 1 ) Il n'y a qu'un seul verbe, c'est *être :* tous les autres sont composés de celui-là, appelé le verbe par excellence. Exemple: *je mange, je bois, je dors, etc.* C'est comme s'il y avoit : *je suis mangeant, je suis buvant, je suis dormant.* Voyez *Court de Gébelin, Grammaire de Port-Royal, Beauzée,* etc.

*mangeons*, avec *ez mangez*, avec *ent mangent*. Je place à chaque mot le pronom personnel qui lui convient, en faisant des exercices convenables.

Pendant long-temps j'ai tenu mon élève à la seule connoissance du présent de l'indicatif des verbes auxiliaires *être* et *avoir*, afin de la familiariser avec les personnes, *je*, *tu*, *il*, *nous*, *vous*, *ils* ; observant que là où le passé a l'auxiliaire *avoir*, il faut *avois* au plusque-parfait; comme *étois* pour le verbe *être*, *etc*.

D'après ce que je viens d'exposer succinc-tement, je me suis formé une théorie de signes caractéristiques. Trois signes figurent les trois temps du *futur*, du *présent* et du *passé* : avec eux on trouve tous les autres, qui ne sont que leurs composés. Une chose *sera*; marquez avec la main l'action de ce temps, en la poussant en avant comme font les marchands détailleurs qui coupent une étoffe avec des ciseaux; nous aurons le futur qui est devant nous : on montre le but, on y veut parvenir. Ce signe sera donc une ligne oblique tirée de gauche à droite. ╱ Nous voici au bout de la ligne, nous y sommes en station; c'est le présent: son signe est comme lorsqu'on frappe avec ses mains ouvertes sur une table. C'est le mouvement de pronation; avec une ligne droite d'à plomb on fait donc la figure. ┃ On laisse enfin le but derrière soi; voilà le passé :

si le futur est devant, le passé doit être derrière : c'est le signe la main jetée en arrière sur l'épaule comme une besace, l'image sera donc une ligne courbe de droite à gauche, imitant la courbure de la main lorsqu'elle est jetée sur l'épaule ⟩ . Trois figures forment donc nos trois signes radicaux.

/        |        ⟩

Futur ,    présent ,    passé.

Très-long-temps mon élève n'a connu, comme je l'ai dit plus haut, que ces trois temps. Il est inutile de répéter que c'est par les yeux que l'instruction des Sourds-Muets leur parvient : il ne l'est pas moins, faute d'espace, de rapporter les exercices sans nombre employés à la connoissance de ces trois temps primordiaux, qu'*as-tu fait* ce matin? que *fais-tu* maintenant? que *feras-tu* ce soir? voilà le passé, le présent et le futur.

Je commence par l'infinitif pour former un tableau de conjugaison : le voici tel qu'il a été rédigé à mesure que j'appliquois le signe à l'action, en conduisant ma fille, sans qu'elle s'en doutât, dans la position de former les temps par des exercices analogues. Nous sommes les enfans de la nécéssité, elle est la source de l'industrie. *Dalla necessità nasce l'industria, è spesso le più utile invensioni sono devute agli uomini più infelici.*

Paolo è Virginia.

# TABLEAU
## DES CONJUGAISONS.

| | |
|---|---|
| **INFINITIF.**<br>*Manger.* | Ce signe pasigraphique tourne en tous sens et n'a pas de fin. |
| **PASSÉ.**<br>*Avoir mangé.* | Signe de l'infinitif et du passé. |
| **PARTICIPE PRÉSENT.**<br>*Mangeant.* | Signe de l'adjectif, parce qu'un participe n'est qu'un adjectif. |
| **PARTICIPE PASSÉ.**<br>*Ayant mangé.* | Signe de l'adjectif ou participe, et du passé. |
| **PARTICIPE FUTUR.**<br>*Devant manger.* | Signe de l'adjectif ou participe, et du futur. |
| **INDICATIF.**<br>**PRÉSENT.**<br>*Je mange.* | Signe des personnes et de la station de la personne. |
| **PASSÉ.**<br>*J'ai mangé.* | Signe du passé, la main jetée sur l'épaule, et toujours la désignation des persoñes. |
| **PRÉSENT PASSÉ**<br>**OU IMPARFAIT.**<br>*Je mangeois.* | Signe du présent et du passé, avec celui des personnes. |

| | |
|---|---|
| PASSÉ PLUS PASSÉ<br>OU<br>PLUSQUE-PARFAIT.<br>*J'avois mangé.* | Signe du passé deux fois, le premier sur l'épaule et le second derrière, avec le signe des personnes. |
| PASSÉ ANCIEN<br>OU<br>PRÉTÉRIT DÉFINI.<br>*Je mangeai.* | Signe d'un passé plus en arrière. |
| PASSÉ PLUS ANCIEN<br>OU<br>PRÉTÉRIT ANTÉRIEUR.<br>*J'eus mangé.* | Signe de deux fois le passé ancien immédiat. |
| PASSÉ PLUS ANCIEN<br>IMMÉDIAT.<br>*J'ai eu mangé.* | Signe de trois passés bien en arrière. Ce temps est peu usité. |
| FUTUR.<br>*Je mangerai.* | Signe du futur. |
| FUTUR PASSÉ.<br>*J'aurai mangé.* | Signe du futur et du passé. |
| CONDITIONNEL.<br>FUTUR, PRÉSENT,<br>PASSÉ.<br>*Je mangerois.* | Signe du futur, du présent et du passé. |
| FUTUR<br>PLUS PASSÉ.<br>*J'aurai mangé.* | Signe du futur et du passé plus passé ou plusque-parfait. |

| | |
|---|---|
| **IMPÉRATIF** (1). FUTUR PRÉSENT. *Mange,* *Qu'il mange.* | Signe du futur présent. Avec une petite croix en bas je forme le rogatif. |
| **SUBJONCTIF OU CONJONCTIF.** PRÉSENT. *Que je mange.* | Signe de la Conjonction et du présent. Ce signe est figuré par deux mains en crochet. |
| PASSÉ. *Que j'aie mangé.* | Signe de la Conjonction et du passé. |
| PRÉSENT PASSÉ. *Que je mangeasse.* | Signe de la Conjonction, du présent et du passé. |
| PASSÉ PLUS PASSÉ. *Que j'eusse mangé.* | Signe de la Conjonction et du passé plus passé. |

Avec tous ces signes que j'ose appeler pasigraphiques, je suis parvenu à faire conjuger à ma Sourde-Muette tous les temps des verbes. Leurs terminaisons différentes ne font rien pour le

---

(1) Il y a un autre mode que l'on pourroit appeler optatif ; c'est le *utinam* des latins , et le *plût-à-Dieu* des français ; mais il est employé pour l'ordinaire à l'imparfait, avec la conjonction conditionnelle *si.* Le rogatif et l'optatif diffèrent de l'impératif, qui commande , ordonne , *imperare* ; au lieu que les premiers prient , désirent. Le signe est le futur présent , parce que le commandement ou la prière se font toujours au regard de l'avenir.

jugement :

Jugement : que ce soit *manger* , *dormir* , *vouloir* ; *écrire* , les mêmes temps existent pour tous.

L'irrégularité des verbes arrête ceux qui parlent. Le Sourd-Muet est de même étonné de voir des formes différentes ; mais comme tous les noms sont des portraits pour lui , il les classe par les yeux dans sa mémoire. Je m'arrête ; je n'ai peut-être été que trop long. Si cet opuscule que vous avez voulu de moi vous satisfait , mon cœur est soulagé , non pas du poids de la reconnoissance , parce que c'est un sentiment dont je me complais à être votre débiteur ; puis-je jamais acquitter ma dette envers vous !

Je vous ai fait part de mes procédés sur l'art d'instruire ma Sourde - Muette ; je vous transmettrai un jour ce que j'ai observé et pratiqué sur l'art d'enseigner à parler aux Sourds-Muets. Le succès dans cette partie répond à mes soins : déjà mon enfant prononce : *j'aime bien papa et maman* , *je suis Sourde-Muette* , *mais papa me fait parler* , *etc.* Recevez , cher ami , les expressions d'un cœur reconnoissant : *aimez toujours l'ami des Sourds-Muets.*

### REY - LACROIX.

O

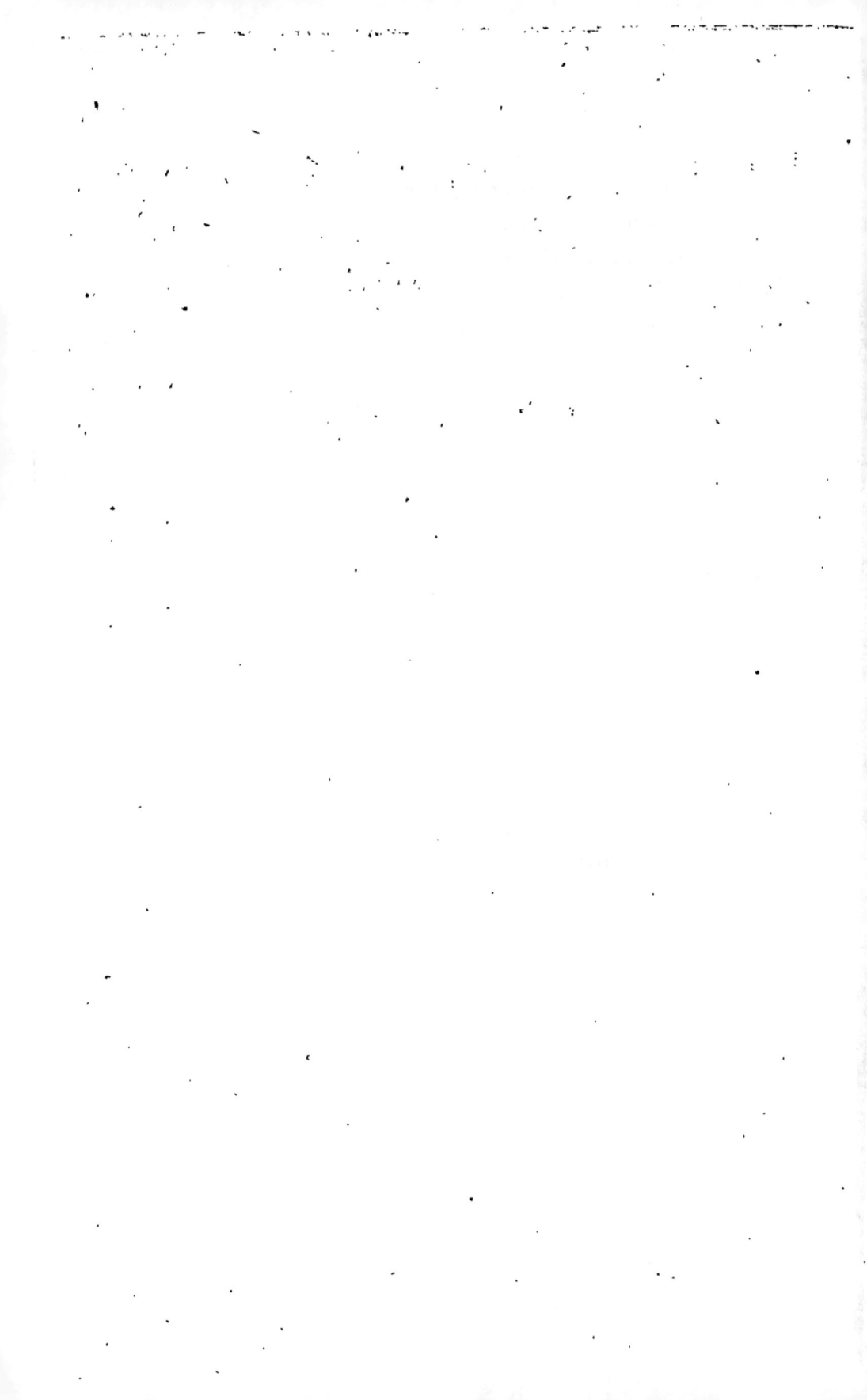

# AVIS

## DE L'ÉDITEUR.

*C*ET *opuscule devoit finir avec l'extrait des procédés*
*mis en usage par l'auteur pour l'instruction de son*
*intéressant élève ; mais comme peu de personnes sont*
*à même de juger des connoissances des Sourds-Muets*
*bien enseignés , et que malgré les exemples frappans*
*de* Massieu *et de* Peyre de Nîmes *, on pourroit encore*
*douter de la vérité de leur instruction , j'ai engagé*
*l'auteur à me laisser prendre dans son porte-feuille*
*des pièces propres à prouver que rien n'établit plus*
*la possibilité d'une chose que son existence.*

*J'avoue que sans une rare conformité d'idées , de*
*sensations et de principes sur l'éducation en général ,*
*qui depuis long-temps m'identifie avec l'auteur , mes*
*instances auroient été vaines. Mais comment un père ,*
*instituteur de sa fille , auroit-il pu résister à un père ,*
*instituteur de son fils ? Comment auroit-il pu refuser*
*cette satisfaction à un ami , l'admirateur de ses procédés ,*
*qui lui a fait la promesse solennelle de donner des*
*leçons de typographie au premier Sourd-Muet qu'il*
*mettra en état de les recevoir avec fruit ?*

*La résistance de l'auteur devoit être la mesure de ma*
*discrétion , et je me suis borné à choisir:*

1°. *Trois modèles de leçons , dont la première traite*

des trois règnes de la nature ; *la seconde* des organes et des sens ; *la troisième,* de Dieu.

2°. *Trois lettres de Sourds-Muets ; la première* de Massieu , *la seconde de* Peyre, *toutes les deux adressées à l'auteur ; et la troisième de la jeune* Rey-Lacroix *à l'épouse du premier consul. On trouvera bien une quatrième lettre ; mais celle-ci est ma propriété, elle est de* ma petite amie ( 1 ), *et sa correspondance m'appartient. Elle ne peut pas me parler, elle m'écrit ; et dans mon enthousiasme je répète à son père ce quatrain que vient de lui adresser le cit.* Pastoret , *auteur de* LA MORT DE SOCRATE:

> Votre fille vous doit encor plus que la vie :
> La nature contr'elle interrompit ses lois ;
> Elle lui refusa l'usage de la voix ;
>     Vous faites parler son génie.

*Les modèles de leçons prouvent que les Sourds-Muets* sont bien enseignés , *et les lettres,* qu'ils sont susceptibles de bien apprendre.

3°. *Enfin un* projet d'institutions pour les Sourds-Muets et pour les Aveugles , *que l'auteur a adressé le quatre ventose au ministre de l'intérieur. Puissent ces établissemens utiles être multipliés sur le sol de la République !*

---

( 1 ) Eh ! comment ne la seroit-elle pas ! Je lui témoignai un jour mon désir de devenir son disciple : il seroit difficile de concevoir avec quelle douceur de caractère et quelle vivacité d'esprit elle m'initia dans le langage mimique et m'enseigna la dactylologie, dans le peu de séjour que je fis à la Clapière.

# PREMIER MODÈLE

## DES LEÇONS

### DONNÉES A LA SOURDE-MUETTE.

## RÈGNES DE LA NATURE.

D. *Qu'est un chien ?*

R. C'est un animal.

ANIMAL. ⎫ NATURE.
VÉGÉTAL. ⎬ ou MONDE.
MINÉRAL. ⎭ ou UNIVERS.

D. *Pourquoi ?*

R. Parce qu'il a une ame.

D. *A-t-il une ame comme la tienne ?*

⎧ AME RAISONNABLE.
⎨ AME SENSITIVE.
⎩ AME VÉGÉTATIVE.

R. Non.

D. *Comment est ton ame ?*

R. Elle est raisonnable.

D. *Comment est celle des bêtes ?*

R. Elle est sensitive.

D. *Où va l'ame après la mort de l'homme ?*

R. Elle va à Dieu.

D. *Où va celle des animaux ?*

R. Elle s'éteint comme la lumière.

D. *Qu'est un arbre ?*

R. L'arbre est un végétal.

D. *A-t-il une ame ?*

R. Oui.

D. *La plante sent-elle comme les animaux ?*

R. Non.

D. *Naît-elle comme eux ?*

R. Oui.

D. *Meurt-elle ?*

R. Oui.

D. *Comment appelle-t-on l'ame des arbres ?*

R. On l'appelle l'ame végétative.

D. *Qu'est cette ame ?*

R. C'est celle qui fait croître les plantes.

D. *Combien d'ames y a-t-il ?*

R. Il y en a trois ; l'ame raisonnable, l'ame sensitive
et l'ame végétative.

D. *D'où est tiré le fer ?*

R. Le fer est tiré de la terre.

D. *Est-il dessus ou dans la terre ?*

R. Il est dans la terre.

D. *D'où est tirée la pierre ?*

R. De dedans la terre.

D. *D'où est tiré l'or, l'argent ?*

R. Ils sont tirés de la terre.

D. *Où sont-ils ?*

R. Ils sont dans les mines.

D. *Qu'est l'or ?*

R. Un minéral.

D. *Le fer ?*

R. Un minéral.

D. *L'argent ?*

R. Un minéral.

D. *Que forment l'animal, le végétal et le minéral?*

R. L'animal, le végétal et le minéral forment la nature, ou monde, ou univers.

D. *Comment est divisée la nature ?*

R. Elle est divisée en animal, en végétal et en minéral

D. *Qu'est la nature ?*     RANG. ⟩ORDRE. ⟩RÈGNE.

R. C'est tous les êtres.

D. *Comment sont placés tous les êtres ?*

R. Ils sont placés en trois rangs, ou ordres, ou règnes.

D. *Comment appelle-t-on* le premier règne *de la* nature ?

R. On l'appelle le règne animal.

D. *Comment appelle-t-on* le second règne *de la* nature ?

R. On l'appelle le règne végétal.

D. *Comment appelle-t-on* le troisième règne *de la* nature ?

R. On l'appelle le règne minéral.

D. *Qu'est un animal ?*

R. C'est un être qui vit, qui respire, qui nage, qui vole.

D. *Qu'est un végétal ?*

R. C'est un être qui ne respire ni n'agit.

D. *Qu'est un minéral ?*

R. Un minéral est un être qui croît, mais qui ne vit pas.

## RÈGNES.

| | | | | | |
|---|---|---|---|---|---|
| Homme. | | Arbre. | | Fer. | |
| Chien. | | Choux. | | Or. | |
| Chat. } I. ANIMAL. | | Vigne. } II. VÉGÉTAL. | | Argent. } III. MINÉRAL | |
| Oiseaux. | | Rosier. | | Cuivre. | |
| Poissons. | | Oignon. | | Plomb. | |

NOTA. Il est inutile de faire observer qu'avant d'en venir à de pareilles leçons il a fallu passer par beaucoup de petites filières. Chaque demande a été auparavant précédée d'explications détaillées. C'est cet ordre analytique qui rend les Sourds-Muets en possession des résultats. Ils ne savent pas beaucoup de choses, mais ils les savent bien; *non multa, sed bona.*

---

# SECOND MODÈLE.

---

## SOURD-MUET AVEUGLE.

---

D. *Combien as-tu d'yeux?*

R. J'en ai deux.

D. *Combien as-tu d'oreilles?*

R. J'en ai deux.

D. *Combien as-tu de nez?*

R. J'en ai un.

D. *Combien as-tu de mains?*

R. J'en ai deux.

SIÈGES. } ORGANES. } SENS.

YEUX------ VUE.
NEZ------- ODORAT.
OREILLES-- OUÏE.
PALAIS---- GOUT.
MAINS----} CORPS----} TOUCHER.

D.

D. *Combien as-tu de corps ?*

R. J'en ai un.

D. *Où est le palais ?*

R. Il est dans la bouche.

D. *Que sont les yeux, le nez, les oreilles, le palais et les mains ?*

R. Ce sont les organes ou sièges.

D. *Combien as-tu d'organes ?*

R. J'en ai cinq.

D. *Qu'y a-t-il dans chaque organe ?*

R. Dans chaque organe il y a un sens.

D. *Combien y a-t-il de sens ?*

R. Il y en a cinq.

D. *Comment les nomme-t-on ?*

R. La vue, l'odorat, l'ouïe, le goût et le toucher.

D. *Quel est l'organe ou siège de la vue ?*

R. Ce sont les yeux.

D. *Quel est l'organe de l'odorat ?*

R. C'est le nez.

D. *Quel est l'organe de l'ouïe ?*

R. Ce sont les oreilles.

D. *Quel est l'organe du goût ?*

R. C'est le palais.

D. *Quel est l'organe du toucher ?*

R. Ce sont les mains et tout le corps.

D. *Vois-tu ?* 
R. Oui, papa. 
D. *Odores-tu ?* 

⎧ Entendre --- non ⟩ Sourd. 
⎨ Parler ------ non ⟩ Muet. 
⎩ Voir -------- non ⟩ Aveugle.

P

R. Oui, papa.

D. *Goûtes-tu ?*

R. Oui, papa.

D. *Touches-tu ?*

R. Oui, papa.

D. *Entends-tu ?*

R. Non, papa.

D. *Quand on n'entend pas qu'est-on ?*

R. Lorsqu'on n'entend pas on est *Sourd.*

D. *Quand on ne voit pas qu'est-on ?*

R. Quand on ne voit pas on est *Aveugle.*

D. *Quand on ne parle pas qu'est-on ?*

R. On est *Muet.*

D. *Parles-tu ?*

R. Non, pas bien.

D. *Qu'est-tu ?*

R. Je suis Sourde-Muette.

D. *As-tu les cinq sens ?*

R. Non, je n'en ai que quatre.

D. *Quels as-tu ?*

R. J'ai la vue, l'odorat, le goût et le toucher.

D. *Quel n'as-tu pas ?*          Avoir pas ≻ manquer.

R. Je n'ai pas l'ouïe.

D. *L'Aveugle a-t-il les cinq organes ?*

R. Oui, papa.

D. *A-t-il les cinq sens ?*

R. Non, papa, il n'en a que quatre.

D. *Quel sens manque à l'Aveugle ?*

R. Il *lui* manque le sens de la vue. *A il.* lui

D. *Pourquoi es-tu Sourde-Muette ?*

R. Je suis Sourde-Muette parce que je n'entends pas ni ne parle pas bien.

---

# TROISIÈME MODÈLE.

## DE DIEU.

D. Qui *a fait cette table ?*

R. C'est le menuisier.

D. *De quoi a-t-il fait cette* table ?

R. Il l'a fait de bois.

D. *Qui a fait le bois ?*

R. Les scieurs l'ont fait.

D. *De quoi l'ont-ils fait ?*

R. Ils l'ont fait d'un arbre.

D. *Qui a fait cet arbre ?*

R. C'est......

D. *Qui a fait tes souliers ?*

R. Le cordonnier.

D. *De quoi les a-t-il faits ?*

R. Il les a faits de cuir.

D. *Qui a fait le cuir ?*

R. Le tanneur.

D. *De quoi l'a-t-il fait ?*

R. Il l'a fait d'une peau de bête.

D. *Qui a fait cette bête?*

R. C'est sa mère.

D. *Qui a fait cette mère?*  Homme.... *être*....

R. C'est........  Femme.... *être*....

D. *Qu'est une table?*  Animal..... *être*....  $\Big\}$ DIEU.

R. C'est une chose.  Végétal.... *être*....

D. *Qu'est le soulier?*  Minéral.... *être*....

R. C'est une chose.

D. *Qu'est l'homme?*

R. C'est un être.

D. *Qu'est l'enfant?*

R. C'est un être.

D. *Qu'est un arbre?*

R. C'est un végétal.

D. *Un végétal est-il une chose?*

R. Non.

D. *Qu'est-il?*

R. Un être.

D. *Qui fait les choses?*

R. Ce sont les hommes.

D. *Qui fait les êtres?*

R. C'est........

D. *Les êtres de la nature se sont-ils faits eux-mêmes?*

R. Non.

D. *Un être peut-il se faire lui-même?*

R. Non.

D. *Celui qui a fait tous les êtres de la nature a-t-il été fait?*

R. Je n'en sais rien........ (*Non*).

D. *A-t-il été fait ?*

R. Non.

D. *Comment te nommes-tu ?*

R. Je me nomme Rey-Lacroix.

D. *Es-tu une chose ?*

R. Non.

D. *Qu'es-tu ?*

R. Je suis un être.

D. *Quel est le nom de l'être qui n'a pas été fait et qui a fait tous les autres êtres ?*

R. Le nom de l'être qui n'a pas été fait et qui a fait tous les autres êtres est........ Dieu.

(*Moment de repos*).

D. *Où est Dieu ?*

R. Il est par-tout.

D. *Qui est le maître du monde ?*

R. Dieu est le maître du monde.

D. *Pourquoi est-il le maître du monde ?*

R. Il en est le maître parce qu'il l'a fait.

D. *De quoi l'a-t-il fait ?*

R. De rien.                    Faire de rien ⟩ créer.

D. *Qu'est-ce que faire de rien ?*

R. C'est créer.

D. *L'homme crée-t-il ?*

R. Non, il n'y a que Dieu.

D. *Qui nous donne la vie ?*

R. C'est Dieu.

D. *Qui nous la conserve ?*

R. C'est Dieu.

D. *Qui nous donne tout ?*

R. C'est Dieu.

D. *Devons-nous l'aimer ?*

R. Oui.

D. *Le prier ?*

R. Oui.

D. *L'adorer ?*

R. Oui.

(*A ces mots, je la fais mettre avec moi à-genoux*)*.*

---

NOTA. La Sourde-Muette, alors âgée de douze ans, n'avoit encore aucune idée de cet être auquel elle adresse, depuis cette époque, ses prières. Prosternée devant celui par qui tout vit, par qui tout agit, par qui tout existe, cette enfant de la nature sachant déjà qu'elle avoit une ame, imita l'adoration de son instituteur, et s'éleva vers cet être des êtres, à la connoissance duquel son instruction est principalement dirigée.

Les personnes présentes à cette scène ont avoué qu'elles n'ont jamais vu de spectacle plus imposant que ce tableau du père et de la fille, dans ce moment de contemplation, auquel tous les assistans furent invités de former le groupe.

## LETTRE DE MASSIEU A L'AUTEUR.

Paris, le 3 thermidor an six de la République française.

### CITOYEN,

JE vous écris pour vous dire que je vous souhaite le bon jour et une bonne santé; que je me souviens fortement de vous, que je vous aime toujours, et que je vous enverrai tout ce qui sert à l'instruction des Sourds-Muets de naissance. Vous savez bien faire les signes comme moi et les autres Muets.

Le citoyen *Salvan* se porte bien : il vous aime. Mon meilleur ami *Sicard* n'est pas à Paris; je crois qu'il est à la campagne. Je l'aime jusqu'à la mort, parce qu'il est mon bienfaiteur unique. On m'a dit qu'il se porte fort bien : j'en remercie Dieu.

Je me porte bien aussi.

Je vous prie bien de vouloir me donner de vos nouvelles. Je serai très-content d'en recevoir; je vous serai obligé.

Salut et fraternité.

Votre concitoyen JEAN MASSIEU, Sourd-Muet, répétiteur à l'institution nationale des Sourds-Muets de Paris, maison Magloire, rue Jacques, n°. 115.

# LETTRE DE PEYRE AU MÊME.

Nîmes ; le 25 messidor an huit

J'AI appris avec beaucoup de plaisir, MON CHER AMI, par la lettre que vous avez eu la bonté de m'écrire, que votre santé est rétablie, que vous êtes bien portant, et que vous êtes toujours dans l'intention d'exécuter le projet que vous avez formé de venir me voir avec votre oncle. Il me tarde beaucoup de vous voir arriver. Je vous remercie de tous les témoignages d'amitié que vous m'avez donnés : ils sont d'un grand prix pour moi. Soyez persuadé que vous ne faites que me rendre justice, en croyant à la sincérité de la mienne.

Vous me dites que vous avez achevé votre ouvrage sur les Sourds-Muets, et que vous allez l'envoyer à Paris pour le faire imprimer. Si vous aviez été dans l'intention de le faire imprimer à Nîmes, vous auriez pu me l'envoyer, je l'aurois remis à un imprimeur de mes amis. Je vous prie de faire agréer mes respects à M<sup>me</sup>. votre épouse et à M<sup>lle</sup>. Reynette, ainsi qu'à M<sup>me</sup>. Fages, à M. son époux et à M<sup>lle</sup>. Sophie, quand vous aurez l'occasion de les voir. Mes amitiés à Reynou, Bousquet et Virginie. Toute ma famille vous aime beaucoup : il lui tarde de vous voir, ainsi qu'à moi qui suis votre ami.

PEYRE, Sourd-Muet.

# LETTRE DE LA JEUNE REY-LACROIX
## A MADAME BONAPARTE (1).

### MADAME,

LES Sourds-Muets n'ont pas *Sicard* depuis beaucoup de mois. Je l'aime bien : il est dans mon cœur. Il a enseigné à mon papa qui m'enseigne tous les jours. Dites à votre époux de rendre *Sicard* aux Sourds-Muets ! Vous deux serez leurs amis, comme est papa : ils prieront Dieu pour vous.

REY-LACROIX, Sourde-Muette.

---

(1) Voyez la clef du cabinet des souverains.

# LETTRE DE LA JEUNE REY-LACROIX
## A L'ÉDITEUR.

La Clapière, le 15 messidor an huit.

MONSIEUR,

Avant-hier vous donnâtes à papa un livre pour moi. Il me l'a remis. Je vous en remercie. Ce livre est bien joli : je dessinerai les animaux qui y sont.

Papa me dit que vous viendrez à la Clapière : nous serons bien aises de vous voir. Je vous donnerai un dessin. Papa vous aime beaucoup. Je vous souhaite le bon jour.

REY-LACROIX, Sourde-Muette.

# PROJET

## D'INSTITUTION

### POUR

# LES SOURDS-MUETS

### ET POUR LES AVEUGLES.

## L'AMI DES SOURDS-MUETS

### AU

## MINISTRE DE L'INTÉRIEUR.

CITOYEN MINISTRE,

LES découvertes les plus utiles ne sont pas toujours les plus favorisées ; elles paient tribut aux événemens.

La france aura-t-elle à se glorifier du bienfait régénérateur dû à l'abbé de *l'Épée ?* Son génie aura-t-il percé dans la nuit de la nature ; et cette classe, intéressante autant que malheureuse, ne jouira-t-elle que très-incomplétement des travaux de ce bienfaiteur de l'humanité ?

Ce philantrope célèbre n'aura-t-il procuré, par des sacrifices sans nombre, des moyens miraculeux de faire sortir les Sourds-Muets de leur apédeutisme, et son digne disciple et successeur n'aura-t-il reculé les limites de cette science, naguère dans l'enfance, que pour la voir peut-être expirer avec lui ?

Oh ! non, non. Le temps est venu où les vœux des amis des Sourds-Muets seront exaucés ; la paix est là qui nous le présage. Il appartient au Ministre qui vient de jeter les fondemens de l'instruction, depuis si long-temps débattue, et de rendre aux hospices les vertueuses desservantes que la *manie de tout changer* en avoit chassées ; il est de la sollicitude de l'homme de lettres , et d'un cœur bienfaisant , d'assurer à jamais aux Sourds-Muets une existence jusqu'à présent précaire ( 1 ).

On compte environ trois mille Sourds-Muets en france, et une centaine au plus jouissent de la bienfaisance nationale. Il n'est encore que deux écoles, l'une à *Paris* et l'autre à *Bordeaux*. Par les succès que procurent ces deux établissemens , il est aisé de calculer ceux que l'on retireroit d'un plus grand nombre.

La justice les réclame ; le cri des familles affligées d'un pareil fléau n'a pu être encore entendu. Eussent-elles présenté leurs droits, les momens

_____

(1) Le corps législatif de la République Batave vient d'accorder cinq mille florins, comme un subside annuel à l'institut des Sourds-Muets de Groningue.

n'étoient pas propices. Aujourd'hui le gouvernement tend les bras aux malheureux : qu'ils en goûtent les douces étreintes !

Disséminer sur toute la surface de la france des institutions pour les Sourds-Muets.

Procurer les mêmes avantages à leurs frères les aveugles, auprès desquels le cit. *Haüy* est un second abbé de *l'Épée* :

Soulager tant de familles et donner à l'état des membres laborieux, lorsqu'ils sont réduits à végéter misérablement :

Ouvrir une nouvelle carrière au génie et à l'humanité :

Effacer la ligne de démarcation que l'ignorance et l'inhumanité, qui en est la malheureuse suite, avoient tirée au préjudice de ceux en faveur de qui j'entreprends d'élever la voix.

Nombre d'autres avantages, sur-tout pour la partie grammaticale, pour les arts libéraux et méchaniques, qu'il seroit trop long de détailler, *tout cela sans presque aucune dépense pour la République*.

C'est à quoi se réduit le projet que *l'ami des Sourds-Muets* présente avec confiance.

Depuis long-temps il étoit dans son cœur. Le titre qu'il a acquis auprès de ces êtres que le sort de son enfant lui a rendu si chers, lui en fait un devoir.

Puissiez-vous, CITOYEN MINISTRE, vous occuper de cet objet ! Si les moyens présentés sont insuffisans ou inadmissibles, ne fussent-ils même que des indicateurs, le but sera également rempli.

## ART. I.

L'institution de Paris doit être *l'école mère*; ce seroit une espèce de pépinière, de laquelle *Sicard* fourniroit des instituteurs parmi ses disciples, à mesure qu'il y en auroit de formés. La correspondance établie, et de rigueur entre les disciples et le maître, produiroit à la fin une méthode sure, fruit des observations et des expériences.

## ART. II.

Les répétiteurs des institutions seroient des Sourds-Muets, tels que *Massieu*, *Boudonnet*, *Peyre*, *etc.* Ceux-ci ramplaçant dans la suite les instituteurs, la méthode seroit invariablement fixée. Ils seroient auprès de leurs compagnons d'infortune ce que les entendans et les parlans sont auprès des enfans doués des mêmes facultés.

Il n'en pourroit pas être tout-a-fait de même pour les aveugles; mais, à peu de chose près, on emploieroit les mêmes moyens.

## ART. III.

Ces établissemens pourroient faire partie des hospices civils et des écoles centrales. Des sociétés philantropiques établies à cet effet y apporteroient des secours pécuniaires et instructifs.

## ART. IV.

En suivant le principe du conseil général de Préfecture de notre département ( l'Hérault ), énoncé dans le cahier de sa session de l'an huit, on pourroit distraire des fonds affectés pour les écoles centrales une somme quelconque, ou bien supprimer des chaires inutiles ; et alors formant, par exemple, des réunions par huit départemens, on auroit une masse capable de pourvoir aux frais de l'institution, fixée au centre de ces huit Départemens.

## ART. V.

Supposé que l'on prenne cinq mille francs par département, ( sur les dépenses allouées à l'école centrale ) ; cela produiroit quarante mille francs.

## ART. VI.

Chaque département auroit cinq bourses à distribuer à cinq familles pauvres, affligées du malheur d'avoir un ou plusieurs Sourds-Muets. Cela suffiroit pour quarante élèves, à raison de mille francs chacun. Les autres Sourds-Muets, appartenant à des personnes en état de faire la dépense, y seroient reçus à raison de six à sept cents francs, sans entretien.

## Art. VII.

La République fourniroit un local gratis, et une fois payée une petite somme pour l'approprier. De ces quarante mille francs ôtez celle de douze mille pour les maîtres ou personnes employées comme il suit :

| | |
|---|---|
| Un instituteur en chef, . . . . | 4000 f. |
| Un adjoint répétiteur, . . . . | 2000 f. |
| Un maître d'écriture, . . . . | 1000 f. |
| Un maître de dessin, . . . . | 1000 f. |
| Un économe employé aux hospices, | 1500 f. |
| Un gardien, . . . . . . . | 1200 f. |
| Un portier, . . . . . . . | 400 f. |
| Une lingère nourrie, . . . . | 150 f. |
| Deux domestiques, *idem*, . . . | 350 f. |
| Une cuisinière, *idem*, . . . . | 150 f. |
| Une seconde, *idem*, . . . . . | 100 f. |
| Une laveuse d'écuelles, *idem*, . . | 60 f. |
| Un commissionnaire, *idem*, . . . | 90 f. |
| Total, . . . . . | 12000 f. |

il resteroit une somme de vingt-huit mille francs qui, bien administrée, seroit suffisante pour les quarante enfans Sourds-Muets habillés en uniforme.

## Art. VIII.

On établiroit des métiers au profit de l'institution. Le gouvernement feroit, pour cet objet, l'avance d'une

d'une somme suffisante, qui lui seroit remboursée
par dixièmes, à commencer de la troisième année
de l'établissement.

## ART. IX.

Du produit de ces métiers, après qu'il en auroit
été prélevé la somme par dixième a rembourser,
on formeroit un pécule pour chaque Sourd-Muet.
En cas de mort ou autrement le pécule tourneroit
au profit de l'institution.

## ART. X.

Comme le Sourd-Muet ne seroit reçu qu'à l'âge
de dix ans et qu'il ne sortiroit qu'à vingt, ses
exercices d'instruction ne seroient pas arrêtés par
le temps employé à l'acquisition d'un talent ou
d'un métier, ce qui seroit de rigueur. *Un temps
bien ménagé suffit à tout.*

## ART. XI.

Le pécule serviroit à favoriser ses commencemens
dans son entrée dans le monde, et à lui former
son fonds de boutique ou d'atelier.

## ART. XII.

. Il en seroit à peu près de même pour les
aveugles : tout le monde connoît ce qu'ils savent
faire par le tact.

## ART. XIII.

Au lieu de former les institutions toutes de

R

garçons, on pourroit les diviser comme à Paris, en deux écoles séparées, et alors chaque département enverroit deux filles et trois garçons, ce qui feroit une école de seize filles, et l'autre de vingt-quatre garçons. Elles méritent bien assurément de jouir d'un pareil bienfait, ces malheureuses créatures plus exposées, par leur état, que les garçons. Alors un instituteur de plus, une bonne ou gouvernante et deux domestiques suffiroient. L'économe, les maîtres, etc. serviroient pour l'entier établissement.

### ART. XIV.

A mesure qu'un Sourd-Muet auroit fini son éducation, ou que par mort ou autrement il laisseroit une place vacante, il seroit remplacé par un surnuméraire du département auquel il appartiendroit.

### ART. XV.

Les conditions pour être reçus seroient fondées sur les certificats d'indigence, etc.

———————

Il est peut-être d'autres points qu'un examen plus réfléchi ou les circonstances feront naître; mais bornons-nous à ceux-ci.

Que de bienfaits répandus! combien d'existences assurées! que de familles soulagées! que de malheureux consolés! et cela sans presque de dépense nouvelle, et seulement par un meilleur emploi des fonds.

Les succès déjà connus et tant appréciés ne laissent aucun doute sur les méthodes régénératrices pour les Sourds-Muets : ce n'est plus un problême que leur éducation. Les Aveugles ne sont pas moins étonnans. Aussi, peuple de Sourds-Muets, peuple d'Aveugles ! vous tous leurs parens réunis, et vous philantropes de la france et de tous les pays, réjouissez-vous ! le premier Consul a promis aux Sourds-Muets d'améliorer leur sort, et il n'a jamais rien promis en vain. Bien-tôt vous augmenterez la félicité publique, et la mémoire de l'abbé de *l'Épée* sera glorifiée.

REY-LACROIX,
Ami des Sourds-Muets.

La Clapière, près Montagnac,
Département de l'Hérault, le 4
ventose an neuf de la République.

*N. B.* Lorsque après le 3 nivose les Sourds-Muets allèrent complimenter le premier Consul, *Sicard* fut prié par lui de transmettre cette réponse à ses élèves :

» Je suis bien aise de voir les Sourds-Muets de
» naissance, et c'est avec plaisir que je reçois
» l'expression de leurs sentimens. Dites à vos
» élèves, citoyen *Sicard*, que *je ferai tout ce qui*
» *sera nécessaire pour augmenter leur bien-être, et*
» *pour les rendre heureux* ».

# F I N.

# TABLE

## DES MATIÈRES.

Fin de la Table.

# L O I

## CONCERNANT LES CONTREFACTEURS,

### Du 19 juillet 1793, an II de la République.

La Convention nationale, après avoir entendu le rapport de son comité d'instruction publique, décrète ce qui suit :

ART. I. Les auteurs d'écrits en tout genre jouiront, durant leur vie entière, du droit exclusif de vendre, faire vendre, distribuer leurs ouvrages dans le territoire de la République, et d'en céder la propriété en tout ou en partie.

II. Leurs héritiers ou cessionnaires jouiront du même droit durant l'espace de dix ans après la mort des auteurs.

III. Les officiers de paix seront tenus de faire confisquer, à la réquisition et au profit des auteurs, leurs héritiers ou cessionnaires, tous les exemplaires des éditions imprimées sans la permission formelle et par écrit des auteurs.

IV. Tout contrefacteur sera tenu de payer au véritable propriétaire, une somme équivalente au prix de trois mille exemplaires de l'édition originale.

V. Tout débitant d'édition contrefaite, s'il n'est pas reconnu contrefacteur, sera tenu de payer au véritable propriétaire, une somme équivalente au prix de cinq cents exemplaires de l'édition originale.

VI. Tout citoyen qui mettra au jour un ouvrage, sera obligé d'en déposer deux exemplaires à la bibliothèque nationale, dont il recevra un reçu signé du bibliothécaire, faute de quoi il ne pourra être admis en justice pour la poursuite des contrefacteurs.

*Je mets la présente édition sous la sauve-garde des Lois, et de la probité des Citoyens. Je déclare qu'en vertu de la Loi ci-dessus je poursuivrai devant les tribunaux tout contrefacteur ou débitant d'édition contrefaite.*

*Fuzier*

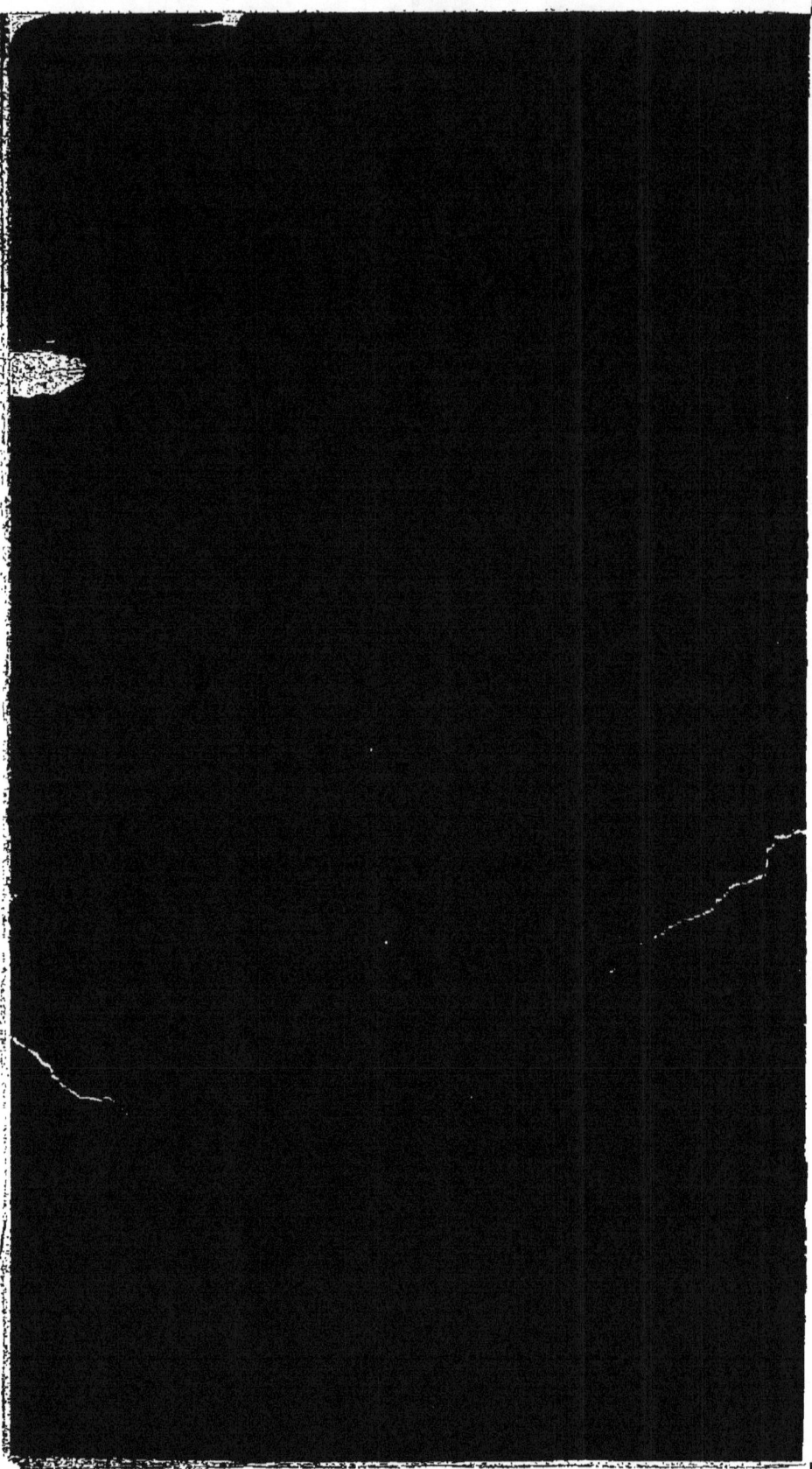

www.ingramcontent.com/pod-product-compliance
Lightning Source LLC
Chambersburg PA
CBHW072110090426
42739CB00012B/2916